本书的出版得到2019年度教育部人文社会科学研究青年基金项目"贸易政策不确定性对中国企业出口行为的影响研究：出口质量与价格加成"（项目批准号：19YJC790202）的资助，特此感谢！

江西师范大学
区域创新与创业研究中心学术丛书

A STUDY ON THE EFFECT OF FINANCIAL CONSTRAINTS AND
TRADE LIBERALIZATION ON FIRM'S INNOVATION

融资约束与贸易自由化对企业创新的影响研究

周凤秀 ◎ 著

经济管理出版社
ECONOMY & MANAGEMENT PUBLISHING HOUSE

图书在版编目（CIP）数据

融资约束与贸易自由化对企业创新的影响研究/周凤秀著 .—北京：经济管理出版社，2018.9

ISBN 978-7-5096-5955-7

Ⅰ.①融… Ⅱ.①周… Ⅲ.①企业融资—影响—企业创新—研究—中国②自由贸易—影响—企业创新—研究—中国 Ⅳ.①F279.23

中国版本图书馆 CIP 数据核字（2018）第 192590 号

组稿编辑：丁慧敏
责任编辑：丁慧敏　张莉琼　张广花
责任印制：黄章平
责任校对：赵天宇

出版发行：经济管理出版社
　　　　　（北京市海淀区北蜂窝 8 号中雅大厦 A 座 11 层　100038）
网　　址：www.E-mp.com.cn
电　　话：（010）51915602
印　　刷：北京晨旭印刷厂
经　　销：新华书店
开　　本：720mm×1000mm/16
印　　张：9.5
字　　数：165 千字
版　　次：2019 年 10 月第 1 版　2019 年 10 月第 1 次印刷
书　　号：ISBN 978-7-5096-5955-7
定　　价：49.00 元

·版权所有　翻印必究·

凡购本社图书，如有印装错误，由本社读者服务部负责调换。
联系地址：北京阜外月坛北小街 2 号
电话：（010）68022974　　邮编：100836

前　言

　　企业创新是生产率提升和长期经济增长最重要的源泉，但企业创新需要长期不断的资金支持，而且由于其风险高、周期长和信息不对称等因素，更容易受到融资约束的影响。而伴随着全球经济一体化的快速发展，越来越多的国家和地区融入到贸易自由化的进程中，以寻求更大的创新机遇和可持续的经济增长，这也使得贸易自由化与企业创新的研究成为国际贸易领域研究的一个重要议题。近年来，随着金融市场不完全作为异质性企业贸易领域的重要分支开始兴起，在融资异质性的情况下，企业创新行为和贸易自由化进程如何有序开展的问题逐渐成为国内外学者关注的重心。本书旨在将融资约束、贸易自由化和企业创新置于统一框架下，梳理其中的作用机制，同时引入中国数据进行实证研究，以全面探讨融资约束与贸易自由化对企业创新的综合影响。这一研究不仅是基于我国加入世界贸易组织（WTO）以来贸易自由化进程稳步推进的背景，重新审视融资约束之于企业创新的重要意义，而且也为中国企业与产业升级的现实困局及其出路提供了某种政策启示。

　　本书在对中国工业企业融资约束的特征事实、贸易自由化进程和工业企业创新进行描述及统计性分析的基础上，从理论层面上考察了融资约束与贸易自由化两类因素对企业创新的影响，系统地梳理了这两类因素单独及合力作用于创新的机制并予以模型刻画，该机制表明融资约束和贸易自由化两类因素与企业创新与否确有因果联系，这种联系及其效应既可作为独立变量发挥，也能通过交互作用产生扭曲效应。

　　在实证部分，本书首先从融资约束与企业创新之间的关系切入，利用2003～2004年政府宏观调控中实施的银行信贷紧缩政策作为一个政策冲击，使用倍差估计法检验企业受银行信贷紧缩冲击对其研发创新动态的影响，并分析内源融资能力对银行信贷紧缩冲击与企业研发创新两者关系是否存在调节效应,以从动态层面来研究企业内外源融资约束与企业创新之间的关系。在扩展性分析中,基于融资约束对企业出口和研发的非对称性影响,深刻分析银行信贷紧缩冲击对出口企业和非出口企业研发动态的异质性影响,以为后文研究提供一些先验证据。紧接着,从融资约束与贸易自由化的综合视角来考察其对企业创新的影响,基于中国制造业企业数据,运用 Probit 模型和联立方程模型进行实证分析,同时以中国融资约束的特征事实为基础,从不同所有制企业、不同行业和不同地区进行拓展研究。我们的结论是:

第一,受到银行信贷紧缩冲击越大的企业,其选择研发进入的可能性和研发投入增长率均越低,而且中断研发投资并退出研发活动的概率越高。可见外部融资约束会抑制企业的创新活动,尤其对企业研发创新行为的持续性有着显著的制约作用。同时还发现企业内源融资能力越强,银行信贷紧缩冲击对企业创新的抑制作用越小,从而说明无论是内源融资还是外源融资,对企业的研发创新活动都有着非常重要的影响。在扩展性分析中发现在面临外部融资约束的情况下,相对于非出口企业而言,尽管出口企业选择开展研发活动的可能性较高,但是其选择退出研发活动和减少研发投入的可能性也较高,这无疑损害了企业在国际市场上的长期利益,不利于我国出口贸易的长远发展。由于面临外部融资约束,出口企业"顾此失彼",导致研发投入不足,自主创新能力持续薄弱,从而使得我国的出口企业"锁定"在低端产品的生产模式上。为此,改善企业的融资环境迫在眉睫,尤其是出口企业。

第二,随着全球化的深入,不同企业融资约束程度的异质性在不断扩大,融资约束程度较高的企业不仅要面对进口竞争加剧带来的国内市场产品价格下降,还会因为贸易成本的降低使得出口变得更有吸引力,促使借贷市场上的资金需求增加,因此更加难以获得融资支持,无法利用扩大的出口市场来增加生产规模,所以其进行技术创新的激励大大减小。只有当资本市场完全的时候,贸易开放程度加深才能促进企业创新。通过运用中国制造业企业数据实证分析,我们发现融资约束会抑制贸易自由化对企业创新的促进效应,并且这种效应在不同所有制企业、不同行业和不同地区有所不同。因此,在我国加快构建开放型经济体制的形势下,改善企业的融资环境,更深远的意义在于最大限度地利用贸易开放带来的契机,激发企业的创新活力。

Preface

Enterprise innovation is a key driver for productivity growth and long – run economic growth. However, as a result of higher risk, longer gestation periods and information asymmetry, enterprise innovation are more likely to be subjected to financial constraints. With the rapid development of global economic integration, more and more countries and regions are involved in the process of trade liberalization in order to seek greater innovation opportunities and sustainable economic growth, which also makes trade liberalization and enterprise innovation become an important topic in the field of international trade. Recently, with the financial market imperfections as an important branch of heterogeneous enterprise trade field began to rise, domestic and foreign scholars began to focus on the problem of enterprise innovation behavior and how to carry out trade liberalization process in the case of financing heterogeneity. The purpose of this book is to put the financial constraints, trade liberalization and enterprise innovation into a unified framework, to sort out their interaction mechanism and use the Chinese data to conduct empirical research, which in order to comprehensively explore the comprehensive impact of financial constraints and trade liberalization on enterprise innovation. The theoretical significance of this study is not only re – examing the role of financial constraints in the enterprise innovation based on the context of China's accession to WTO, but also putting forward some policy implications to help Chinese firms go out of trap and realize industrial upgrading.

Based on the description and statistical analysis of the characteristics of Chinese enterprise's financial constraints, innovation and the process of trade liberalization, in the part of theoretical basis, this book studies the influence of financial constraints and trade liberalization on enterprise innovation, systematically sorts out the mechanism of these two factors on enterprise innovation alone, and puts them together to influence enterprise innovation and models it. The mechanism shows that there are causal links between the two types of factors and enterprise innovation. Effect can be used as an independent variable to play, but also produce distorting effect through their interaction.

In the part of empirical study, this book starts from the relationship between financial constraints and enterprise innovation. We use exogenous shock of credit crunch caused by macroeconomic control policies from 2003 to 2004 as a natural experiment on financial constraints. Then in order to comprehensively study the relationship between financial constraints and enterprise innovation, we test the impact of bank credit crunch on the firm's R&D activities at the dynamic level, and analyze whether the internal financing capacity has the regulatory effect on the relationship between the credit crunch and firm's R&D activities. In the extensibility analysis, based on the non-symmetry effect of financial constraints on the export and R&D of enterprises, we deeply analyze the heterogeneous impact of bank credit crunch on the export enterprises and non-export enterprises, so as to provide some priori evidence. Then, we comprehensively explore the comprehensive impact of financial constraints and trade liberalization on enterprise innovation. Based on the Chinese manufacturing enterprise data, the probit model and the simultaneous equation model are used for empirical analysis. Based on the characteristics of China's financial constraints, we try to expand the research from different ownership enterprises, different industries and different regions.

Firstly, the greater impact of bank credit crunch, the lower likelihood of R&D investment and R&D investment growth, and the higher probability of disrupting R&D investment and withdrawing from R&D activities. It can be seen that external financial constraints will inhibit the innovation activities of enterprises, especially on the sustainability of R&D behavior. At the same time, it is found that the stronger the internal financing ability of the firm, the weaker the inhibitory effect of the bank credit crunch on the innovation of the enterprise, which shows that both the internal financing and the external financing have an important influence on the R&D activities. In the case of expansive analysis, this book finds that, in the face of external financial constraints, the export enterprises are opted to withdraw from R&D activities and reduce the possibility of

R&D investment, even though export enterprises are more likely to choose to carry out R&D activities, which undoubtedly undermines the long – term interests of enterprises in the international market and is not conducive to Chinese long – term development of export trade. As a result of external financial constraints, export enterprises "trade – off", results in inadequate investment in research and development, and independent innovation capacity continues to be weak, so that Chinese export enterprises are locked in low – end product production model. To this end, to improve the financing environment of enterprises is imminent, especially for the export enterprises.

Secondly, with the deepening of globalization, the heterogeneity of the degree of financial constraints of different enterprises is expanding and the enterprises with high degree of financial restraint not only have to face the decline in domestic market prices brought about by the increase of import competition, the reduction in costs makes exports more attractive so as to promte increased demand for capital in the lending market, and therefore it is more difficult to obtain financial support for firms, and they cannot use the expansion of the export market to increase the scale of production, which makes their incentives for technological innovation be greatly reduced. Only when the capital market is complete, trade openness can deepen to promote business innovation. Through the empirical analysis of Chinese manufacturing enterprises, we find that financial constraints will weaken the facilitating effect of trade liberalization on technological upgrading, and this effect is different in different ownership enterprises, different industries and different regions. Therefore, under the construction of open economic system, more far – reaching significance of improving the financial environment of enterprises is to maximize the use of trade opportunities brought about by opening up to stimulate the vitality of innovation.

目 录

1 导论 ··· 1
   1.1 研究背景和意义 ··· 1
   1.2 国内外文献综述 ··· 4
   1.3 研究思路和方法 ·· 18
   1.4 研究内容和结构安排 ·· 20

2 融资约束、贸易自由化与企业创新：中国现实 ············· 23
   2.1 中国工业企业的融资约束概况 ······························ 23
   2.2 中国的贸易自由化进程：阶段分析与定量测度 ········ 28
   2.3 中国工业企业创新的经验观察 ······························ 38
   2.4 融资约束、贸易自由化与企业创新的关系初探 ········ 44

3 融资约束、贸易自由化与企业创新：机理分析 ············· 45
   3.1 融资约束、贸易自由化与企业创新：分视点的机理分析 ······ 45
   3.2 融资约束、贸易自由化与企业创新：综合分析 ········ 59
   3.3 本章小结 ·· 66

4 融资约束与企业创新：基于动态层面的实证研究 ········· 67
   4.1 变量选取、数据说明与计量模型设定 ····················· 68
   4.2 实证结果与分析 ·· 73
   4.3 扩展性分析：企业是否出口的异质性 ····················· 78

4.4　本章小结 ·· 80

5　融资约束、贸易自由化与企业创新：实证研究 ···················· 83

　　5.1　融资约束、贸易自由化与企业创新：全样本的基准回归结果 ········ 83

　　5.2　融资约束、贸易自由化与企业创新：基于联立方程
　　　　模型的回归结果 ·· 101

　　5.3　本章小结 ··· 106

6　融资约束、贸易自由化与企业创新：拓展研究 ···················· 108

　　6.1　企业所有制差异 ·· 108

　　6.2　行业层面差异 ··· 110

　　6.3　地区层面差异 ··· 113

　　6.4　本章小结 ··· 115

7　结论与研究展望 ··· 117

　　7.1　主要结论 ··· 117

　　7.2　政策建议 ··· 120

　　7.3　本书的创新点 ··· 122

　　7.4　研究展望 ··· 123

附录　攻读博士学位期间发表的论文目录 ···························· 124

参考文献 ··· 125

后记 ·· 140

1 导 论

新经济增长理论认为,经济增长最持久的源泉在于企业创新带来的生产率提升。创新不仅是推动一国或地区经济增长和持续发展的内在动力,也是企业增强核心竞争力进而发展壮大的重要手段。

1.1 研究背景和意义

改革开放以来,经过40多年的经济高速增长,中国已经成为全球第二大经济体。但是中国经济更多地依赖于廉价劳动力、高储蓄、高投资的粗放型增长方式,企业自主创新能力和技术进步不足制约了资源的集约高效利用,经济增长的可持续性令人担忧。作为创新的微观主体,企业的研发投资与普通投资相比,由于其产出不确定性高、周期长和信息高度不对称等因素,使其更加依赖于稳定、持续和长期的融资支持。然而,作为尚处于转型阶段的发展中国家,中国的金融市场体系尚不健全,企业普遍面临着严重的融资约束。世界银行的报告表明:中国75%的非金融类上市企业选择将融资约束列为企业发展的重要障碍,在80个被调查国家中比例最高(Claessens & Tzioumis,2006)。关于融资约束与企业创新的研究由来已久,由于与外部投资者之间的信息不对称,企业的创新活动很难获得外部融资支持(Myers & Majluf,1984),与此同时,企业内部资金和外部资金的成本差异在于所有权和管理权分离带来的道德风险问题(Jensen & Meckling,1976),因此企业的创新活动普遍受到融资约束的限制。而近年来,金融市场不完全作为异质性企业贸易领域的重要分支,为本书尝试突破融资约束与企业创新的单一研究视点,将金融摩擦纳入异质性企业贸易模型,探索融资约束与贸易自由化对企业创新的综合影响奠定了坚实的理论基础。

传统的国际贸易理论建立在一个完全的资本市场框架下,认为企业可以克服成本,在融资的最佳状态上,自由调整生产。但实际上,尤其是在发展中国家,由于金融市场摩擦的普遍存在,导致现实中企业的行为并不是完全符合经典异质性贸易理论假定的仅有一种要素(劳动力)的情况,学者们开始将金融摩擦纳入国际贸易领域,考察存在贸易摩擦和金融摩擦的情况下,经济体总体生产率、福利水平以及企业行为的变动。Peters & Schnitzer(2015)基于《北美自由贸易协定》(NAFTA),从解释发展中国家实行贸易自由化但并没有缩小与发达国家中的差距的原因入手,关注贸易自由化和融资约束对生产率收敛的综合影响,发现融资约束是一个潜在的重要因素,影响了贸易自由化对生产率收敛的促进效应。Formai(2013)和Irlacher & Unger(2016)也发现,在存在金融市场摩擦的情况下,贸易自由化并不会必然导致总体生产率水平和消费者福利水平的上升。由此可见,融资约束会降低贸易自由化的生产率所得,比静态资源再配置的贸易所得的增长效应更为显著(Lederman et al.,2005;Jaramillo & Lederman,2006)。而现实中,中国企业面临的融资约束不仅源于市场机制中一般意义上的金融摩擦,还会因为金融体制不健全导致的其他复杂因素而呈现出不同的特征。从所有制维度来看,在中国以国有银行为主的垄断金融体系格局下,信贷安排存在着政治主从次序(political pecking order)(Huang,2003),即国有商业银行开展信贷业务时主要依据政治特权进行信贷配给,而非商业绩效,这在很大程度上使得国有企业能够持续获得稳定的贷款,而民营企业却没有与之平等的金融地位,面临着较为严重的融资困境(Allen et al.,2005)。从行业维度来看,Hur et al.(2006)研究发现,在金融体系不完善的发展中国家,无形资产(如人力资本、研发投入等)比重高的高技术行业,由于抵押品较少而面临较为严重的融资约束。对比发达国家,美国的高科技行业依赖于资本市场的强大支撑,多元化的融资渠道给予了美国高科技行业长盛不衰的源源动力。我国目前虽已建立多层次的资本市场体系,但是高技术行业企业尤其是中小型科技企业依然是很难获得融资的资格。而金融体系仍然以银行间接融资为主,融资渠道单一化,银行贷款更多地倾向于企业生产经营类贷款,要求可抵押的实物资产,这使得高技术行业很难获取期限较长的大额贷款,易受到融资约束问题困扰。从地区维度来看,我国经济的显著特征是区域发展不平衡,尤其在地区间金融发展水平上存在显著差异。再加上地方保护主义和地区市场分割，导致各地区之间金融市场仍然处于高度分割状态，金融资本也缺乏地区间流动，这就更导致我国地区间金融资源配置效率参差不齐。这也就意味着不同地区的企业在获取金融资源时面临着"先天"的不同，金融市场较为发达地区的企业，更能够便捷快速地获取丰富多样化的金融资源。因此，融资约束问题在中国不仅仅是一个"突出"的问题，更呈现出企业层面、行业层面和地区层面等不同特征。

本书基于我国企业融资约束严重的特征事实，在异质性企业分析框架下，将研究视角锁定在融资约束、贸易自由化与企业创新三者之间的关系，梳理其中的作用机制，并结合我国加入世界贸易组织以来、贸易自由化进程稳步推进的背景，重新审视融资约束之于企业创新的重要意义。

具体地，本书的研究分别包括两个方面：一方面，从融资约束与企业创新之间的单一关系切入，不仅研究融资约束对企业研发增长率的影响，还延伸到融资约束对企业研发进入和研发退出的动态影响，深入分析融资约束对企业创新动态的重要影响，并探索融资约束对出口企业和非出口企业研发动态影响的异质性，以为后面的研究提供一些先验证据。另一方面，在异质性企业分析框架下，构建企业在面临不同程度的融资约束下贸易自由化与企业创新决策的理论模型，以综合视点梳理融资约束与贸易自由化对企业创新的交互作用机制，并引入中国企业数据对由机制分析所推导出的关键理论假说进行实证检验，同时基于中国企业融资约束的特征事实，从不同所有制企业、不同行业、不同地区进行拓展研究。

这一研究在理论上综合了基于融资约束的金融因素与基于贸易自由化的贸易因素对企业创新行为的分析，通过梳理融资约束、贸易自由化与企业创新三者之间的影响机制，探寻中国企业创新的激励因素。从现实看，企业的创新活动离不开融资支持。然而在我国进一步提高对外开放水平、加快构建开放型经济体制的新形势下，本书的研究更深远的意义在于强调改善融资环境的作用不只是为企业创新提供稳定持续的资金支持，更重要的是最大限度地发挥贸易开放对微观企业创新乃至整个经济实现可持续增长的重要作用。

1.2 国内外文献综述

1.2.1 创新的概念界定和测度

奥地利经济学家约瑟夫·阿罗斯熊·彼特（J. A. Schumpeter）被认为是创新理论的开创者。他在著作《经济发展理论》（1934）中提出创新（innovation）是将一种从来没有过的关于生产要素和生产条件的"新组合"引入生产体系。进一步地，熊彼特将这种"新组合"产生的创新定义为五种类型：①引入新产品或对现有产品进行质的改变；②引入新技术，进行过程创新；③开辟新市场（以前未曾进入）；④开发原材料或者其他投入的新的供应来源；⑤革新组织形式，实现任何一种新的组织形式，如产生一种垄断地位。

熊彼特的"创新"概念界定具有以下特征：第一，创新不是从生产要素和生产条件的"旧组合"中渐进的调整而产生的，而是"创新性破坏"旧组合，执行"新组合"的间断性变化。第二，创新包含两个基本过程：一是发明；二是将发明成果应用到商业领域，实现市场价值。并且后者比前者更重要，在后者这个过程中，企业家发挥着极为重要的作用。第三，创新是一个较为广泛的概念，不一定与技术相关，也不局限于某一特定的领域，涵盖所有可以提高资源配置效率的新活动，在企业技术、生产、管理等过程中均会发生，既包括技术创新，也包括市场创新和组织创新。

作为国际认可的创新调查指南，《奥斯陆手册》（The Oslo Manual）由经济合作与发展组织（OECD）和欧盟统计署（Eurostat）于年联合发行至目前最新的第三版，将创新定义为实现新的或重大改进的产品（商品或服务）、工艺、新的营销方式，或在经营策略、工作场所组织或外部关系中的新组织方式等。并按照创新的内容将创新分为四类：产品创新、工艺创新、营销创新和组织创新。其中，产品创新是指根据特征或者使用目的引进新的或有重大改进的商品或服务；工艺创新是指新的或明显改进的产品或生产方式的实现，包括技术、设备和软件上的改变；营销创新是指新的营销方式如产品设计包装、分销渠道以及定价等方面的改变；组织创新是指企业的运营策略、工作场所或外部关系等方面新的组织方式的实现。通常情况下，相对于非技术创新（营销创新和组织创新），经济学研究更加关注技术创新（产品创新和工艺创新），即以市场导向为出发点，从将新产品或者新工艺设想的产生、研究、开发、应用于市场，到商业化生产再到扩散的完整过程。当然技术创新往往伴随着制度、管理、组织、市场等方面的创新，没有研究能完全分离不同类型的创新。

基于熊彼特的研究，不同的学者也根据不同的标准和维度对创新进行分类。按照创新强度的不同，Mansfied（1968）、Freeman & Soete（1997）和 Thshman & Anerson（1986）等将创新分为渐进性创新（Incremental Innovation）和突破性创新（Radical Innovation）。渐进性创新是对现有产品改变较小的变革，主要是发挥已有技术的潜能；突破性创新则是建立一套不同的技术和科学原则，往往会创造出全新市场和开发新潜能。这一分类也使得创新概念的向外延伸，在更广泛意义上将改进的模仿和创造性模仿也视为渐进性创新的一部分。按照创新方式的不同，Tether & Tajar（2008）将企业的创新分成三类——技术创新、组织创新和制度创新。本书则延续张建华（2000）的思路，重点关注那些直接对经济活动和经济发展做出贡献的变革行为。

企业创新的测度多从投入（创新行为）和产出（创新结果）两个维度来展开。在这里，我们需要先强调下产品创新和过程创新的不同，以为后面创新的测度方法优缺点判别做准备。产品创新是通过技术创新对现有产品和服务进行升级改进，是产品本身的改变；而过程创新是改变产品和服务的生产方式，降低生产成本以提高生产效率。因此产品创新意在解决生产什么，而过程创新意在说明怎么生产。当然二者是不能分割的，只有过程的改进才可能会有产品的创新，产生市场价值，以完成创新的完整过程。言归正传，对于创新的测度，从投入维度来看，企业创新由 R&D 研究与开发投入（包括 R&D 费用和 R&D 人员）来衡量（Kim & Lee，2008；Baysinger et al.，1991；Block，2012）；从产出维度来看，企业创新由专利数、新产品产值、创新项目数等来测度（Adams et al.，2006；Boyd et al.，2005；Venkatraman & Grant，1986）。

就创新的不同测度方法而言，R&D 投入是创新活动的重要组成部分，许多文献研究表明 R&D 投入与创新的强度、规模和水平都有着很强的相关性。但是仅以 R&D 投入来反映企业创新水平是不够全面的。第一，R&D 投入不能反映产出状况，因此也不能体现创新的效益和市场价值；第二，R&D 一般包括三种活动：基础性研究、应用性研究和实验开发，刻画的是创新的前期活动，由于创新过程中的风险性和高度不确定性,因此 R&D 投入并不必然会产生创新效益,带来新产品和新技术;第三,不同类型的创新活动在 R&D 投入上差别较大。

专利能够在一定程度上从产出角度代表创新,但是也有其不可避免的缺陷。第一,专利数据则更多的是度量发明,如前文所述,将发明转化成商业价值才是完整的创新过程,这就意味着采用专利指标,容易高估企业创新程度(Flor & Oltra,2004)。第二,由于申请专利的审批程序较为烦琐,使得有些企业不会申请专利(Archibugi & Pianta,1996;Kleinknecht et al.,2002)。第三,专利数由于各个专利之间的异质性,因此也并不能精确地体现创新的质量(Cheung & Ping,2004)。所以专利数并不能完全刻画企业创新。相对于专利而言,新产品产值可以很好地从产出角度来度量企业创新的市场价值,但是也有其不可避免的局限性,因为新产品产值只能度量产品创新,而不能反映在生产过程中如改进生产工艺、降低成本、减少设备损耗等方面的大量创新,这也就限制了其对企业整体创新水平的测度。创新项目数作为创新产出的指标,虽然也能避免专利数作为创新产出指标时存在的一些缺点,但是由于其本身的特点,代表的是已经成功的创新项目,而忽略了没有成功的创新,同时也无法反映过程创新。

1.2.2 融资约束与企业创新:理论与实证研究

(1)融资约束的概念界定及其测度。在国外文献中,融资约束的概念有两种界定:一种是从广义角度来说,指当内部融资成本和外部融资成本之间存在差异时,企业投资所受到的资金约束。在完美资本市场的假设下,Modigliani & Miller(1958)认为企业能够根据自身可行的投资机会,以与内部融资相同的成本筹集到特定数量的外部资金。因此企业不存在融资约束问题。然而实际上完美资本市场并不存在,Greenwald et al.(1984)和 Myers & Majluf(1984)打破完美资本市场的假设,认为由于信息不对称和交易成本的存在,导致企业的外部融资成本与内部融资成本并不相同,因此企业为了获取外部资金就需要支付超过内部资本成本的溢价,从而使企业的外部融资受限,产生融资约束现象。另一种是从狭义角度来说,指企业投资需要外部资本,而由于市场上资本成本较高或者信贷配给难以满足企业投资需求时所受到的约束。Silva & Carreira(2011)指出由于企业外部融资成本过高,导致企业投资无法达到最优水平,因而受到融资约束。从这两种定义中可以看出,第二种定义是包含于第一种定义的情况下的。因此本书取第一种融资约束的概念界定,以全面反映我国企业所受到的融资约束境况。也就是说,融资约束是一个相对概念,简单来说,是指相对于企业所面临的投资机会,其获取资金的难易程度。具体来说,则是指由于资本市场不完全导致企业的内外融资成本存在差异,促使企业的最优投资无法获得充分的资金支持,从而面临融资约束问题。基于此,可以发现融资约束产生的根源在于资本市场的不完全,这也是本书研究的重点所在。

这里还有另外一个概念"财务紧张"(也称"财务困境",Financial Distress)与融资约束联系紧密但是也存在明显的区别(Livdan et al.,2009),我们在进行后面的研究之前需要将两者区分开,以免混淆。财务紧张除了可能使企业的投资风险和收益匹配状况因资金不足而发生改变(此时与融资约束的概念一致),但是更多的情况下,它仅仅反映企业的资金需求未得到满足,如企业因经营不善面临破产时、资金需求未得到满足或者过度投资时资金需求未得到满足。

从理论上分析,企业在面临可行的投资机会时,其所需资金的来源主要有内部融资和外部融资。本书对企业融资约束问题的研究主要从内部融资和外部融资两方面来考虑。在概念上,内部融资主要是指企业将自身所产生的现金流转化为可再投资的资金来源,因此内部融资能力是企业从自身内部融通资金的能力;外部融资则是指企业通过向银行借款、发行股票或者债券的方式从外部筹集资金。

目前,针对融资约束的测度可大致分为三个层面:第一是宏观层面,用一国或地区的金融发展水平来间接衡量融资约束程度,即一国或地区的金融发展水平越高,则融资约束程度越低;第二是中观层面,用行业的外部融资依赖度来衡量融资约束;第三是微观层面,也就是本书着重研究的企业层面的融资约束,下面根据已有研究采用不同的融资约束指标来对其进行综述。

第一,基于调研问卷的评级打分,即通过调研问卷,根据企业对自身现有融资状况的评级打分来获得评价融资约束的最直接的指标。早期微观层面的研究往往采用包括信用评级打分、平衡表的变量和信用排名调研来表明企业面临的融资约束。Minetti & Zhu (2011) 基于意大利企业的调研数据,采用企业信用评分来度量融资约束,信用评分越高,说明企业的融资能力较强,因此面临的融资约束程度越低。Muûls (2008) 选用科法斯集团对比利时 1999~2005 年 9000 家制造业企业实地调研得到的科法斯得分来衡量企业受到的融资约束。银行将根据企业的科法斯得分来决定是否给予贷款,其得分越高,说明企业受到的融资约束程度越低。这里要提到世界银行针对全球 53 个国家 26000 家企业做的投资环境调查,国外文献如 Berman & Héricourt（2010）、Tornell & Westermann（2003）和 Clarke et al.（2006），国内文献如王静和张西征（2014）、孙楚仁等（2014）和盛丹和王永进（2013）等采用此调研问卷得到的数据，或选取平衡表中的变量，或选取企业自评的获取信贷资金的难易程度来度量企业受到的融资约束程度。

  第二，财务指标，即采用某一个或者多个企业的财务指标来评价企业的融资状况，分为单一指标法和综合指标法两种。单一指标法，如 Fazzari et al.（1988）采用投资—现金流敏感性指标来测度企业面临的融资约束；Egger & Kesina（2010）采用长期负债率来代表企业面临的融资约束；Bush（2008）、罗长远和陈琳（2011）则采用资产负债率来衡量企业面临的融资约束；Feenstra et al.（2014）和 Li & Yu（2009）采用利息支出来作为企业获得外部融资能力的度量；Chaney（2016）和 Greenaway et al.（2007）采用流动比率和负债率分别衡量内部融资约束和外部融资约束；韩剑和王静（2012）采用企业现金流充裕程度、杠杆率和应付账款占比分别衡量企业的内部融资、银行贷款融资和商业信贷融资。企业规模也会被用来作为融资约束的代理变量（Cohen & Klepper，1996；Passet & Du Tertre，2005；Savignac，2006），这是因为大规模企业（一般用总资产、企业雇员数来衡量企业规模）往往有更充裕的现金流，也更容易获得银行等金融机构的贷款，而小规模企业则易受到融资约束问题的困扰。

  综合指标法是基于单一指标缺乏整体全面性，从而考虑采用基于多个指标来构建反映企业融资约束的综合指数。Kaplan & Zingales（1997）指出投资—现金流敏感性与企业的融资约束并非简单的线性关系，并根据有限样本内企业的财务状况如现金流量比率、托宾 Q 值等划分企业融资约束程度，然后刻画出融资约束程度与反映企业特征的变量之间数量的关系，从而得到 KZ 指数。Hadlock & Pierce（2010）仅使用企业规模和企业年龄两个具有很强外生性的变量构建得到 SA 指数。Whited & Wu（2006）则通过结构化的方法构建了 WW 指数，并认为这一指标比 KZ 指数更能反映企业的融资约束状况。Guariglia et al.（2011）运用 Hovakimian（2009）的两阶段方法，以资产增长率相对于现金流的敏感性为基础，得到企业的融资约束指标 cfs。Bellone et al.（2010）和 Musso & Schiavo（2008）的研究直接从企业财务指标如企业规模、流动性比率、资产收益率等中构建总体评分指标，来反映企业的融资能力。阳佳余和徐敏（2015）基于财务柔性理论，也尝试根据企业规模、现金存量比率和商业信贷比率等九个分指标构建企业融资能力综合指数。

第三，银行指标，即从获得银行贷款的难易程度来衡量企业的融资能力。Sufi（2009）提出，获得银行贷款的能力能够更有效更直接地衡量企业的融资约束。Rahaman（2011）使用银行的短期贷款额度、透支额度与总负债的比值等反映获得银行信贷能力的指标来作为企业外部融资约束的度量。Berger & Udell（1995）也提出银行授信反映的是企业与银行间的长期借贷关系，因而能够更真实地反映企业的融资能力。Martin & Santomero（1997）认为与抵押贷款相比，银行授信通常不需要资产抵押，企业可以在授信额度内自由调节贷款，因此为企业提供了灵活、方便且稳定的资金来源。国内文献如马光荣等（2014）和郭华等（2015）也使用银行授信指标来进行测度。

综上所述，针对调研问卷的评级打分可能会带有一定的主观性或者内生性问题；而财务指标中的单一指标法缺乏全面性，综合指标法由于是通过基础数据进行计量回归得到的，因而估计方法千差万别，得出的结论自然莫衷一是。银行指标则由于其仅仅从银行角度来考虑，而忽略了企业融资的其他渠道，如股权融资和债券融资。那么在实证研究中，就要根据自身研究对象的特点、研究目的和所获数据来选取相对合适的指标来测度企业的融资约束。

（2）融资约束与企业创新：理论与实证研究。融资约束对企业创新的作用机理研究融合了创新理论、经济增长理论和现代金融理论等。熊彼特在其经典著作《经济理论发展》（1934）中就提出，为了试用新技术以求发展，企业家需要金融支持，由此企业创新活动与金融是具有相关性的。随后基于 Romer（1986）的内生增长理论，有关金融与技术创新的理论研究得到进一步的拓展。而融资约束与企业创新方面的研究，可追溯至现代企业融资理论的开端——MM 定理。MM 定理提出在完美的资本市场中，企业的内部融资成本和外部融资成本是相同的，具备完全替代性，因此企业的投资行为只取决于投资项目的优劣，而与资本结构是无关的。然而，Fazzari et al.（1988）则认为现实中资本市场并非完美的，资本市场的信息不对称导致外部融资成本高于企业内部融资成本，并将企业现金流引入到投资模型中，结果发现企业投资对现金流的变动非常敏感，进而证实融资约束的存在。Hall（1992）基于上述理论，从投资的视角提出融资约束影响企业创新的命题，此后，开始出现大量围绕融资约束与企业创新的理论与实证研究，为我们从投资视角理解融资约束与企业创新的作用机理提供了新的思路与分析框架。

从企业层面分析融资约束与 R&D 投资—现金流敏感性时，一般都将关注点集中在企业规模和经营年限上。Harhoff（2000）基于对销售加速模型、误差纠正模型和欧拉方程的对比分析，并选用销售加速模型检验实物资本投资和 R&D 投资对现金流的敏感性，发现相较于大企业而言，小企业的实物资本投资和 R&D 投资对现金流的敏感性更大。Ughetto（2008）也发现小企业 R&D 投资对现金流波动更为敏感，而大中型企业的 R&D 投资—现金流敏感性均不显著，由此他们认为小企业 R&D 投资受到的融资约束程度最为严重。而 Brown et al.（2009）则基于 R&D 投资欧拉方程，采用多种方式控制预期，发现只有年轻企业组的现金流系数显著为正，从而证实年轻企业存在融资约束，Martinsson（2010）也发现上市年限短的企业表现出更高的现金流效应。后续研究也证实只有潜在受约束程度最严重的小企业和年轻企业的 R&D 投资—现金流敏感性最显著（Magri，2009；Lee，2012）。

从产业层面分析融资约束与 R&D 投资—现金流敏感性时，由于相较于传统行业而言，高技术行业的企业 R&D 密集度较高，一般都集中在分析高技术行业的 R&D 投资—现金流敏感度。Himmelberg & Petersen（1994）基于美国 1983~1987 年高技术行业的数据样本，分析发现 R&D 投资对内部融资的弹性是实物资本投资的一半，并指出这可能是由于高技术行业中 R&D 密集，具有较高的调整成本。Ughetto（2008）也发现意大利小型高新技术企业 R&D 投资—现金流最为敏感，而非高新技术企业则表现出负的现金流系数。究其缘由，高技术行业产出具有较大的不确定性和较高的风险性，较难获得外部融资支持；而且高技术行业企业资产多是无形资产，即使存在有形资产，往往也有专用性，其抵押价值较低（Canepa & Stoneman，2007），再加上企业与外部投资者之间的信息不对称，因此高技术行业企业的 R&D 投资可能会表现出比传统行业企业更显著的现金流敏感性。

从国家层面分析融资约束与 R&D 投资—现金流敏感性时，一般都是基于金融系统结构的异质性，来分析不同国家企业的 R&D 投资—现金流敏感度。Mulkay et al.（2001）基于以利润作为加速因子的误差修正模型，对法国和美国制造业在 1982~1993 年的企业投资行为进行比较，发现美国企业的 R&D 投资表现出了更大且更为显著的现金流敏感度。他认为这是源于美国更为发达的资本市场迫使企业 R&D 投资对现金流波动做出了更为迅速的反应。但是 Cincera & Ravet（2010）基于误差修正模型，对欧洲和美国制造业在 2000~2007 年的企业 R&D 投资行为进行比较，发现美国企业的 R&D 投资—现金流敏感性并不显著异

1 导 论

于0，而欧洲企业却是显著为正，因此得出欧洲企业的融资约束问题更为严重。这一结论与 Mulkay et al.（2001）相反，主要原因是两者研究的样本区间不同，2000年里斯本协议带来的资本市场改革使得欧美地区的金融系统发生巨大的变化，加剧了欧洲企业的融资困难，但是美国信贷业在这一时期因缺乏管制，从而缓解了企业的融资约束。Bond et al.（2005）则对英国和德国制造业在1985~1994年的企业投资行为进行比较分析，发现英国企业的R&D投资—现金流敏感性表现出更强的显著性。Brown et al.（2012）也发现英国和瑞典的年轻企业（以上市年限衡量）比德国和法国的年轻企业表现出更强的R&D投资—现金流敏感性。那么这就意味着金融系统以市场为主导，资本市场更为发达的国家（如美国、英国、瑞典）企业受到更为严重的融资约束，其在文中进一步分析发现德国和法国的年轻企业的经营年限要显著长于英国和瑞典。因此他认为得出上述结论是因为以市场为主导的金融系统下年轻企业经营年限更短，而相对完善的资本市场保证了企业在自由资金不足的成立早期就可以通过发行股票融资。

因此，不同结构的金融系统在促进企业创新上确实存在着差异。这是由于在以市场为主导的金融系统中企业更容易获取资金，从而保证R&D投资获得更多资金支持；并且发达的IPO市场还能通过有效的退出机制保证在中小企业创新活动中有着核心地位的风险投资高效运转（Korturm & Lerner，2001；Caselli et al.，2009）。而在以银行为主导的金融系统下，银行往往会为了规避风险，只为依附于实物资本的创新提供资金支持，而很难对高风险的技术研发提供有效帮助；并且银行还容易形成垄断势力，导致企业不得不支付更高的融资成本（Levine，2005；Canepa & Stoneman，2007），因此以市场为主导的金融系统在缓解企业创新所面临的融资约束方面可能要优于以银行为主导的金融系统。

不同于上述研究将企业面临的融资约束视为整体进而研究其对创新行为的影响，不少文献从不同融资渠道来分析其对企业创新活动的影响。根据 Myers & Majluf（1984）的优序融资理论，公司管理者了解公司的战略决策和经营情况，而外部债权人和权益投资者很难获得这些信息，通常不能对企业的研发投资项目进行正确评估，从而导致外部融资的资金成本高于内源融资的机会成本，因此企业为达到最优资本结构，首先考虑的是内源融资，如果内源融资不足以支撑创新时，企业为保留其对企业的控制权和未来收益权，会选择债务融资而非股权融资。因此不同渠道的融资约束对企业创新活动产生的影响可能会有所差异。

大量研究结论表明，内源性融资在企业的创新活动中占据着极其重要的地位

(Spence, 1979; Huang & Xu, 1998)。Himmelberg & Petersen (1994) 基于美国高科技中小企业调查数据研究发现，内部资金与 R&D 投资呈现显著的正相关关系。唐清泉和徐欣（2010）研究发现企业与外部投资者存在严重的信息不对称，加之 R&D 投资的特殊性，导致企业得不到债权人资金的支持而依赖于内部资金。张杰等（2012）基于大样本微观数据发现，企业 R&D 投入对内源融资存在较高的依赖性，尤其是那些融资约束程度高、规模小、相对年轻以及没有出口的企业。

相比于内源性融资，外源性融资对企业创新的影响也是不可小视的。债务融资中，尤以银行信贷为主，银行在支持企业研发上具有重要作用。Kipar（2011）发现在金融危机的情况下，银行信贷约束使得德国企业正在进行的创新项目被停止的概率提高了 21.6%，进而验证了银行信贷约束对企业创新的抑制作用。Benfratello et al.（2008）则发现周围银行越密集的意大利企业其创新活动越多。Sharma（2007）发现小企业的 R&D 活动与银行业的发展有着紧密的联系。Amore et al.（2013）和 Chava et al.（2013）基于拥有发达金融市场的美国企业层面数据，发现银行业竞争程度显著增加了企业创新活动。David et al.（2008）则将银行贷款和债券融资区分开，发现以银行贷款为代表的关系型债务与 R&D 投资正相关，以债券为代表的交易型债务与 R&D 投资负相关。

随着股票市场的逐步完善，股权融资也日益成为上市企业融资的重要渠道。Müller & Zimmermann（2009）使用德国企业层面数据发现进行 R&D 投资企业的权益融资比例比没有进行 R&D 投资的多 2.5%，进而验证研发密集度越高的企业对权益融资的依赖性越大。Long & Ravenscraft（1993）则发现被杠杆收购的企业在收购之后，企业 R&D 投入平均下降 40%。夏冠军和陆根尧（2012）发现股权融资促进了高新技术上市企业的研发投入，且对小规模企业的作用更为显著。顾群和翟淑萍（2014）将研发投资分为探索式投资和开发式投资，研究发现探索式投资企业以内源融资为主，而开发式投资企业则以外源融资为主。

Allen et al.（2005）则认为非正规金融对非上市企业的发展有着举足轻重的贡献。对于缺乏健全完善的金融市场体系的发展中国家而言，部分企业尤其是民营企业在得不到正规金融支持的情况下，往往会寻求非正规金融。我国的非正规金融形式主要包括交易信贷、民间借贷（如高利贷）、贸易信贷等。Bonte & Nielen（2011）基于 15 个欧盟成员国中小企业的数据实证分析发现，交易信贷对那些面临信贷约束的中小企业的产品创新有正面的促进作用。

此外，政府财政补贴也是支持企业R&D投入的外部融资渠道（Hall & Lerner，2010）。Almus & Czarnitzki（2003）和Czarnitzki & Licht（2006）基于德国企业的研究发现政府补贴对企业R&D投资存在激励作用。Kleer（2010）和Meuleman & De Maeseneire（2012）研究发现研发补贴为企业品质提供了积极信号，从而有利于企业获得长期借款等外部融资。李汇东等（2013）基于2006~2010年中国上市公司的数据研究发现，政府补贴最能显著提高企业的创新投资，股权融资次之，债务融资则不明显。郭园园和成力为（2016）则发现政府补贴对企业R&D投资的综合促进作用要强于金融部门资金的作用。

1.2.3 贸易自由化与创新的研究：基于异质性企业贸易理论

作为异质性企业贸易理论的基石，Melitz（2003）将企业生产率异质性纳入Hopenhayn（1992）一般均衡框架下的垄断竞争动态产业模型，进而扩展了Krugman（1980）的贸易模型，并通过理论分析认为，贸易自由化迫使生产率最低的企业退出市场，进而促进行业内不同企业之间的再配置，提高行业总体生产率水平。

大量学者基于Melitz（2003）的研究框架开始根据自身研究的现实问题，对模型进行相应的拓展。Melitz（2003）的基本模型中假设企业生产率是由外生的概率分布随机决定，因此企业生产率就不能反映企业动态的技术进步情况。最新的异质性贸易理论开始尝试放松这一假定，将企业的生产率外生的假设由外生转为内生，企业可以通过技术引进和创新等途径引起企业生产率的动态变化，从而深入研究贸易自由化如何通过影响企业的创新行为，进而改变企业自身生产率。

Bustos（2011）将创新决策作为二元选择变量引入到异质性企业贸易模型中，由于企业生产率内生，同时企业进行技术创新的成本存在差异，因此企业会做出不同的创新决策。由于贸易自由化降低了出口成本，具有更高生产率的企业生产供给更为充足，更倾向于选择出口实现规模经济，进而降低生产的边际成本，因此有更多的利润来支付产品创新的成本，可见贸易自由化不仅会提高企业的出口概率，还会提高企业研发创新的可能性。Atkeson & Burstein（2010）则引入创新强度的连续变量，并基于企业生产率的知识资本模型，说明研发创新的强度越大，研发成本就越大，边际成本下降也越多。因此贸易自由化以后，相对于非出口企业而言，出口企业由于在国际市场上获得的额外利润回报，会选择更高的研发强度。Lileeva & Trefler（2010）、Aw et al.（2008）和Bas & Berthou（2016）

也通过理论与实证模型说明，贸易自由化通过降低贸易成本来扩大出口，增加企业的总体收益，进而弥补了企业研发的投资成本，因此促进企业进行产品创新。

贸易自由化除了扩大出口市场，同时也会吸引大量国外产品涌入国内市场，加剧市场竞争。Bloom et al.（2016）利用 1996~2007 年欧洲 12 个国家的进口数据，基于中国加入 WTO 的自然实验，研究发现关税削减带来的中国产品进口竞争，会促进欧洲企业增加研发投入用于生产和管理，从而产生更多的专利和新技术。Fernandes & Paunov（2013）基于 1997~2003 年智利制造业行业的企业层面数据，通过使用运输费用作为不同行业进口渗透率的工具变量，发现进口竞争增加确实会导致企业的渐进式创新，带来产品质量升级。Aldaba（2012）则基于菲律宾制造业企业数据研究发现，贸易自由化通过增加国内市场中企业数量进而降低企业的价格加成率，因此加剧的市场竞争会促使低生产率的企业退出市场，而高生产率的企业会通过增加研发创新来扩大市场份额。Antoniades（2015）在 Melitz & Ottaviano（2008）的模型基础上进行拓展，研究发现进口竞争加剧会降低价格加成率，从而生产率最高的企业为了应对竞争会加大研发投入提高产品质量；生产率中等的企业则会降低产品质量；生产率最低的企业则会选择退出。

此外，贸易自由化还会带来技术含量高的资本品或成本较低的中间投入品。Almeida & Fernandes（2008）研究发现平均 53% 的技术创新集结在新机器或者新设备中，并通过出口和跨国企业，从发达国家转移到发展中国家。Goldberg et al.（2010）发现中间品关税减让使得印度制造业企业进口的中间品种类大幅度增加。Bas & Strauss – Kahn（2015）使用中国 2000~2006 年海关数据库，以关税豁免的企业作为控制组，在控制中间品关税下降和中间品、出口产品价格的因果性联系发现，企业通过进口关税削减获得发达国家高质量的进口投入进而促进企业研发创新，提升生产产品的质量。Fan et al.（2015）在 Melitz（2003）的模型基础上纳入内生质量选择模型，也发现中国 2001~2006 年的关税削减会促进出口企业创新，进行产品质量升级。田巍和余淼杰（2014）运用倍差法对我国 2001~2006 年制造业企业数据研究也发现，贸易自由化会促进企业引进高质量的核心零部件和中间品，进而激励企业进行研发创新。不同于以上研究思路，Liu & Qiu（2016）则通过合并中国工业数据库、中国企业专利数据库和世界银行关税数据库，使用倍差研究法研究发现，中间品进口关税的下降导致了进口品价格的提高和数量的下降，也就是说企业倾向于选择更高质量的产品进行进口，从而降低了企业进行自主研发创新的动力。因此，一方面中间品关税削减可能会促进企业创新，原因是技术创新所需要的进口材料价格可能会降低；另一方面进口关税的削减会使得企业能更便宜地购买到更高质量的中间投入品，从而提高企业的研发动机。

1.2.4 融资约束、贸易自由化与企业创新：最新研究进展

传统的国际贸易理论建立在一个完全的资本市场框架下，认为企业可以克服成本，在融资的最佳状态上自由调整生产。但现实中，尤其像发展中国家，资本市场是不完全的，存在着潜在的金融摩擦。因此，很多学者开始尝试将金融摩擦纳入到异质性贸易模型中，在考察存在贸易摩擦和金融摩擦的情况下，研究总体生产率、福利水平乃至企业行为的变动情况。

Peters & Schnitzer（2015）基于《北美自由贸易协定》从解释发展中国家实行贸易自由化但并没有缩小与发达国家中的差距的原因入手，通过扩展 Melitz & Ottaviano（2008）的模型，企业加成率可变，内生化技术选择。同时如 Busto（2011）设定的，企业可以通过技术升级上的投资来降低生产成本，但技术升级的成本取决于信贷市场约束。在基于信贷市场不完善的本国和信贷市场完善的外国的不对称假设下，分析可变贸易成本的降低对两国总体生产率水平和采用先进技术的不同影响。他为贸易自由化和生产率关系提供了新的视角，即在融资约束的异质性条件下，探讨贸易自由化和生产率变动的关系。该理论分析发现贸易自由化会提高两个国家的总体生产率水平和增加先进技术的采用，但是金融摩擦的存在阻止了金融市场相对不发达的国内市场利用贸易自由化的契机。首先，贸易自由化以后，较少的企业能够利用扩大出口的契机，因此贸易的选择效应较小，所以资源从生产率低的企业向生产率高的企业再配置的效应很低。其次，不完善的信贷市场导致较高的外部融资成本，促使国内市场的技术引进成本比国外市场更高，因此高技术企业的比例在本国市场更低。因此信贷市场更完善国家的相对生产率会增加，导致信贷市场欠发达的国家并没有像信贷市场发达的国家收敛。

对于很多发展中国家而言，即使只有特定的情况下，贸易自由化才能促进生产率收敛。Peters & Schnitzer（2015）关注贸易自由化和融资约束对生产率收敛的综合影响认为，融资约束是一个潜在的重要因素，影响了贸易自由化对生产率收敛的正向效应。在发展中国家，企业面临融资约束，所以技术升级成本更高，而贸易自由化导致国内竞争更加激烈，融资约束企业不能充分利用扩大的出口市

场的契机。因此，发展中国家和发达国家采用先进技术企业的比例差距扩大，进而引致两国的生产率差距也在扩大。文章最终得出结论，融资约束抑制了贸易自由化对平均生产率和福利水平的促进效应。因此，贸易自由化只有在发展中国家企业能够更好地获得融资支持的情况下才会向发达国家收敛，为了降低生产率差距，贸易自由化程度的加深必须伴随着金融市场的发展。

Formai（2013）则基于 Melitz（2003）的研究成果，研究在一般均衡框架下金融摩擦和贸易成本降低如何相互作用，企业如何通过进入决策、平均生产率和生产者数量变动等途径影响消费者福利。模型以不完全债权人保护将异质性企业和信贷市场摩擦结合起来，发现在存在融资约束的情况下，贸易自由化并不一定总会提高总体生产率水平和消费者福利。这源于信贷摩擦引起的资源错配，第一，信贷摩擦会带来机会主义行为并产生租金，降低企业将生产资源用于创新活动和市场进入。结果企业的总数量不是最优的，这会降低市场竞争，导致低效率的企业存活在市场上，信贷摩擦导致较低的平均生产率水平。较少的企业和较低的平均生产率对消费者福利水平有负的影响。第二，信贷摩擦导致国内活动和国外活动的资源错配，以及进入者非有效的选择，由于市场上存活企业数量和平均生产率较低，相对于总量企业而言，从事出口活动的企业数量太多。因此较高程度的贸易自由化会导致经济体内存在大量低效率的企业。文章最终得出结论，在存在金融摩擦时，贸易自由化程度提高并不会必然导致总体生产率水平和消费者福利水平的上升。

不同于上述两篇文献的建模思路，Irlacher & Unger（2016）在一般均衡的框架下构建了一个包含不完全资本市场和内生借贷成本的异质性贸易理论模型，基于生产者面临不同程度融资约束的异质性，研究贸易自由化对企业行为和消费者福利水平的影响。在此框架下的理论分析表明，贸易自由化增加市场规模的同时，也会通过国外产品的进入而增加市场竞争。正的市场规模效应会降低所有企业的产出，提高资本需求，导致借贷利率提高。较高的借贷成本扩大了融资约束的异质性，并且导致初始没有受到融资约束的企业可能会设置较高的价格，同时市场份额再配置给未受到融资约束的企业。这两个调整增加了经济体行业内的价格方差，那么在二次偏好间接效用度量下的福利水平，消费者是不喜欢价格异质性的，因此降低了消费者的福利。他们指出，在一般均衡框架下的重要机制是贸易自由化后利率调整的内生性，说明贸易自由化可能会导致负的福利效应，应该伴随着金融市场改革来消除行业内融资约束。

1 导 论

Foellmi & Oechslin（2010）将研究视角投到信贷市场不完善下，发展中国家实行贸易自由化对收入分配的影响。在一个 CES 偏好和企业异质性的贸易模型中，考虑利率内生于资本市场，分析发现贸易自由化显著扩大了金融市场欠发达的国家中企业家收入的异质性：富有的企业家会更好，相对较差的企业会越差。Egger & Keuschnigg（2015）则从贸易保护的角度切入，建立了一个包含资本和特定劳动的多国两部门模型，离散的 R&D 决策将企业分成创新企业和普通企业。假定普通企业是不受融资约束的，在较低规模上投资直到回报率等于资本成本。给定前提的 R&D 支出，创新企业只有较少的自有资产，生产率较高，可以在随后的扩张阶段进行大规模投资，但是却面临着融资约束，因此这些假定反映了一个基本事实，很多创新的小企业相对于其他企业而言很难获得外部资金支持。作者在此理论框架下，引入贸易保护政策，研究发现在其他条件不变的情况下，进口保护提高了国内产品的价格和企业收入，使得创新企业的融资能力增强。因此，进口保护会释放融资约束，使得创新企业能够扩大规模，提高研发创新的回报。基于此，作者认为，在金融摩擦存在的情况下，创新企业的有形资产投资机会较多，而较小的贸易保护则可以通过进口国的贸易条件效应，降低创新企业的融资约束，促进创新企业增加研发，从而增加了国内的福利。

1.2.5 文献述评

随着融资理论和主流贸易理论的不断发展，众多学者产生了对融资约束和贸易自由化这两类因素与企业创新之间互动关系的思考，产生了丰富的理论和实证研究成果。

由于金融市场摩擦的普遍存在，企业面临着不同程度的融资约束。而企业创新活动由于风险高、周期长和信息不对称等因素更容易受到外部融资条件的影响。现有文献关于融资约束与企业创新的研究多局限于静态层面，缺乏对企业创新持续性的关注。作为一个国家或地区经济可持续增长的内在动力，创新的持续性增长显得尤为重要。而关于贸易自由化与企业创新的研究，随着金融市场不完全作为异质性企业贸易理论的重要分支逐渐兴起，越来越多的学者开始将金融摩擦纳入到异质性企业贸易模型中，探讨在贸易摩擦和金融摩擦的情况下，总体生产率、福利水平乃至企业行为的变动。

鉴于此，本书的研究将从以下两方面展开：第一，从动态层面研究融资约束对企业创新的影响，不仅研究融资约束对企业研发增长率的影响，还延伸到融资约束对企业研发进入和研发退出的动态影响。第二，循着上述研究轨迹，将融资约束、贸易自由化与企业创新置于统一框架下，构建企业面临不同程度融资约束下贸易自由化与创新决策的理论模型，并运用中国微观层面企业数据进行实证检验和拓展研究，来考察融资约束和贸易自由化对企业创新的综合影响。

1.3 研究思路和方法

1.3.1 研究思路

影响企业创新的因素众多，本书从中国的金融市场不完全的现实背景出发，重点关注的是融资约束对企业创新的关系，并试图突破既有研究的一般思路，将融资约束纳入到异质性企业的分析框架中，研究融资约束与贸易自由化对企业创新的综合影响，并运用中国制造业企业数据从不同维度进行实证检验和拓展研究。

具体而言，本书首先对中国工业企业融资约束的特征事实、贸易自由化进程和工业企业创新进行描述及统计性分析，以期对融资约束、贸易自由化与企业创新三者之间的关系进行初步探索。其次，在理论机制上，以三个分视点为起点，以综合视点为主线，构建理论模型提出关键理论猜想，构建实证研究命题。分视点为融资约束与企业创新视点、贸易自由化与企业创新视点以及贸易自由化与融资约束视点。综合视点则是关注融资约束与贸易自由化对企业创新的综合影响。在实证研究中，本书首先从融资约束与企业创新之间的关系切入，以2003~2004年的银行信贷紧缩政策这一准自然实验为契机，将受到信贷紧缩冲击的企业视作实验组，未受到信贷紧缩冲击的企业视作控制组，利用倍差估计法来进行回归分析，检验外生的信贷紧缩冲击对企业研发创新动态的影响，并分析内源融资能力对银行信贷紧缩冲击与企业研发创新两者关系是否存在调节效应，以全面研究企业融资约束与企业创新之间的关系。在扩展性分析中，基于融资约束对企业出口和研发的非对称性影响，深刻分析银行信贷紧缩冲击对出口企业和非出口企业研发动态的异质性影响，以为后文的研究提供一些先验证据。然后根据上述所建立的理论模型，运用中国微观层面企业数据来考察融资约束和贸易自由化对企业创新的综合影响。使用联立方程模型处理内生性问题，并进一步深入探讨融资约束、贸易自由化和企业创新三者之间的互动关系。最后，基于中国融资约束的特征事实，从不同所有制企业、不同行业、不同地区三个层面进行拓展研究。

1.3.2 研究方法

本书在研究方法上主要采用了规范分析和实证分析相结合的方法、交叉研究法和比较分析法。

第一，采用规范分析和实证分析相结合的方法。规范分析是将金融摩擦纳入异质性企业贸易理论的分析框架，通过逻辑推演和数理推导等方法，构建企业在融资约束异质性的情形下贸易自由化与创新决策的理论模型，以期说明融资约束和贸易自由化两大因素对中国企业创新行为的综合影响。实证分析则是基于中国工业企业数据库和世界贸易组织关税数据结合，形成本书所需的数据样本结构，从而对经过处理后的数据样本进行计量分析。书中使用的主要计量模型包含Probit模型、一般线性模型和联立方程组模型；使用的估计方法有普通最小二乘法（OLS）、极大似然估计法、倍差估计法、工具变量法和三阶段最小二乘法（3SLS）系统估计方法。

第二，采用交叉研究法。绝大多数发展中国家，尤其是中国，资本市场是不完全的，存在着潜在的金融摩擦。而传统的国际贸易理论建立在一个完全的资本市场框架下，认为企业可以克服成本，在融资的最佳状态上自由调整生产。本书的研究基于此，尝试将金融摩擦纳入到异质性贸易模型中，考察存在贸易摩擦和金融摩擦的情况下企业创新行为的变动。因此本书在一定程度上具有金融学和贸易学的交叉研究特质，这也是目前异质性企业贸易理论的新分支。

第三，采用比较分析法。本书研究主要基于中国企业融资约束的特征事实，并在我国加入世界贸易组织以来、贸易自由化进程稳步推进的背景下，重点关注融资约束和贸易自由化对企业创新的综合影响。在这一研究主题下，本书从企业、行业和地区三个维度展开，深入分析不同所有制企业、不同行业和不同地区的企业融资状况，并对本书提出的关键理论假说进行进一步的实证检验和拓展研究，通过比较分析，以期得到更具有现实针对性的政策建议。

1.4 研究内容和结构安排

1.4.1 研究内容

本书主要通过梳理融资约束、贸易自由化与企业创新三者之间的影响机制，探寻中国企业创新的激励因素。本书第2章至第7章安排如下：

第2章我们将对中国工业企业融资约束概况、贸易自由化进程与工业企业创新现状做一个初步的测度与分析，以期对融资约束、贸易自由化与企业创新三者之间的关系进行初步探索。针对融资约束异质性，我们根据已有研究选用恰当的融资约束指标，测度不同所有制类型企业、不同行业以及不同地区的企业所面临的融资约束程度，以从中微观层面对中国企业面临的融资约束境遇做一个全貌概览。针对中国的贸易自由化，我们首先从贸易政策角度对中国的贸易自由化进程进行一个阶段分析，并选择行业平均关税率来刻画贸易自由化，最后从整体水平、细分二分位行业两个层面来分析2001～2015年中国制造业的行业平均关税率变动趋势，以对中国加入世界贸易组织以来的贸易自由化进程有更具象的了解。针对企业创新，从不同所有制企业、不同行业和不同地区对中国工业企业创新做一个中微观层面的经验观察，并试图从描述性统计上寻找融资约束、贸易自由化与企业创新之间的微妙关系。

第3章我们从分视点和综合视点两个层次，对融资约束、贸易自由化与企业创新进行一个较为系统的机制分析。首先，从外源融资角度阐述企业与外部投资者之间的信息不对称和创新的高调整成本特性，以此说明企业的创新活动普遍受到外部融资约束的限制；其次，基于二元技术选择的异质性企业贸易模型的经典建模思路来说明贸易自由化影响企业创新的作用机制；再次，基于Formai (2013)模型，将信贷摩擦纳入到异质性企业贸易模型中，分析信贷摩擦和贸易自由化之间的相互作用机制；最后，根据上述分视点研究的启示，在异质性企业的分析框架下，构建了企业在面临不同程度融资约束下贸易自由化与创新决策的理论模型，提出本书的关键理论假说。

第4章主要是针对融资约束与企业创新动态的实证研究。本章利用2005年世界银行对中国营商环境调查的微观数据库,以 2003~2004 年中国政府宏观调控中实施的银行信贷紧缩政策作为一个政策冲击,使用倍差估计法检验企业受银行信贷紧缩冲击对其研发创新动态的影响,从而考察外部融资约束对企业创新的作用。同时为全面分析企业的融资约束与创新之间的关系,我们还将目光聚焦于企业内源融资能力,分析内源融资能力是否负向调节银行信贷紧缩冲击与企业研发创新两者之间的关系。最后结合中国是世界第一大出口贸易国的背景,深入研究银行信贷紧缩冲击对出口企业和非出口企业研发动态的异质性影响,以为下一章的研究提供一些先验证据。

第 5 章是将融资约束纳入异质性企业分析框架下,重点分析融资约束和贸易自由化对企业创新的综合影响。首先我们基于第 3 章所提出的关键理论假说,建立基准回归模型,运用中国制造业企业数据进行实证检验。同时,为进一步深入探讨融资约束、贸易自由化和企业创新三者之间的互动关系,我们还使用联立方程组模型以期得出更加稳健的结论。

第 6 章主要是基于第 5 章的基准回归模型,基于企业层面、行业层面和地区层面的异质性,全面分析在不同所有制类型的企业、不同行业和不同地区下贸易自由化、融资约束与企业创新三者之间的关系。这一细致研究就如何改善融资环境,从而最大限度地发挥贸易开放对微观企业创新乃至整个经济发展的促进作用给出了很好的判别视角。

第 7 章主要是总结研究结论,并提出相应的政策建议和研究展望。

1.4.2 结构安排

本书的结构安排如图 1-1 所示:

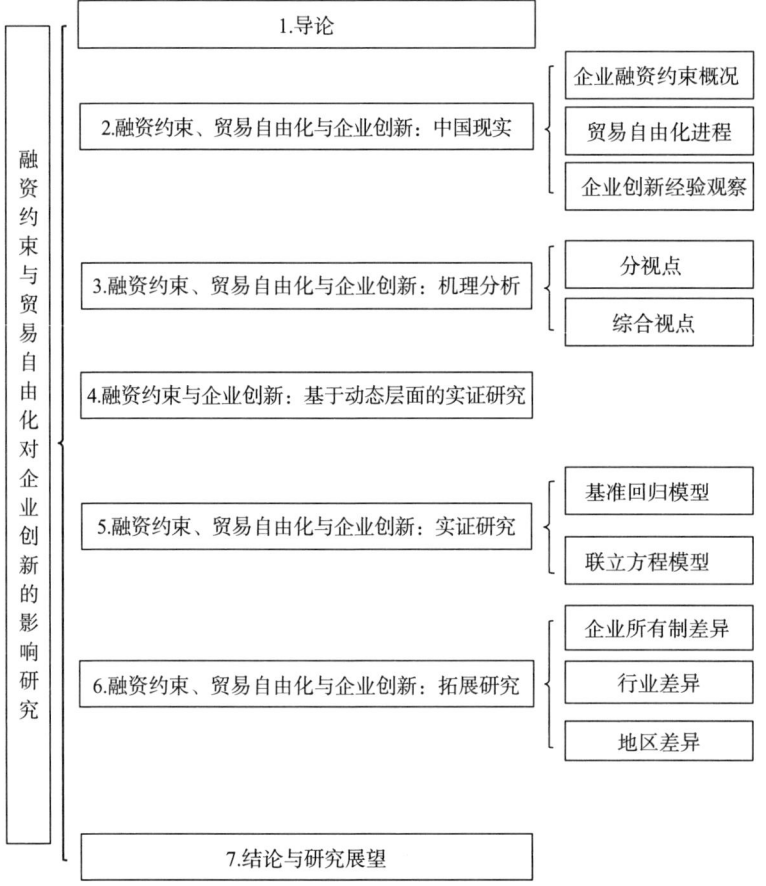

图1-1 本书的结构安排

2 融资约束、贸易自由化与企业创新：中国现实

影响企业创新的因素较多，本书将目光聚焦于基于融资约束与企业创新的关系，并将融资约束纳入到异质性企业贸易模型中，探索融资约束与贸易自由化对企业创新的综合影响。因此本书拟对中国工业企业面临的融资约束概况、中国的贸易自由化进程与工业企业创新做一个初步的测度与分析，以期映照现实，并对融资约束、贸易自由化与企业创新三者之间的关系进行初步探索，从而为下文的机制分析和实证研究做铺垫。

2.1 中国工业企业的融资约束概况

2.1.1 融资约束的测度方法

如前所述，关于企业融资约束指标的测度，学术界尚未达成共识。这里我们运用目前国内最为全面和权威的中国工业企业数据库，借鉴 Hovakimian（2009）和 Guariglia et al.（2011）[①] 的思路和方法，以资产增长率相对于现金流的敏感性为基础，得到企业融资约束指标 cfs，并以此来对中国企业面临的融资约束概况进行初步分析。

---

① Guariglia et al.（2011）对中国企业所有制按照实收资本的比例进行分类，并分组对融资约束指标 cfs 值进行了测度，但文章并未给出具体数值。

Hovakimian（2009）运用两阶段方法，即第一阶段是将现金流视为企业资产增长率的唯一决定因素，构建资产增长率的决定方程，第二阶段是用第一阶段得到的残差项来具体计算得到企业资产增长率对现金流敏感性指标 cfs，从而测度出企业的融资约束程度。基于 Hovakimian（2009）的思路，Guariglia et al.（2011）进一步考虑到除了现金流以外，企业的生产率、杠杆率、有形资产比重以及出口比重都会影响企业的资产增长率。因此在第一阶段，将企业的资产增长模型设定为：

其中分别是地区、时间和行业虚拟变量，控制了地区、时间、行业方面未被观察到的因素。assetgrowth$_{it}$ 为企业的总资产增长率，具体计算公式为：（本年总资产 - 上年总资产）/上年总资产；laborpord$_{it}$ 为企业劳动生产率，用企业的工业总产值与职工人数的比值来表示，leverage$_{it}$ 表示企业总负债与总资产的比值，collaterl$_{it}$ 表示有形资产和总资产的比值，其中有形资产的计算公式为总资产 - 应收账款 - 存货 - 无形资产，export$_{it}$ 表示为企业出口额与总销售额的比值，size$_{it}$ 代表企业的规模，用总资产表示，e$_{it}$ 为残差项。

在第二阶段，将第一阶段资产增长率模型估计得到的残差项 e$_{it}$ 用于资产增长率对现金流①的敏感性指标 cfs 的计算，得到企业 i 的融资约束指数值 cfs$_{it}$：

其中，cfs 值越大，表明企业面临的融资约束越强。注意到这里得到的 cfs 值有负值，那些 cfs 值为负值的企业通常是规模最小、最年轻的企业，比那些 cfs 值为正值的企业更有可能面临融资约束。

相较于其他使用小样本或者上市公司数据测度企业融资约束的文献，本书选用的数据库包含了 2001～2007 年②中国所有工业行业的非上市企业。在数据处理上，剔除了存活时间较短的企业样本（即连续存活时间 2 年及以下的企业）以及各个变量中赋值不合理或为负值的样本观测值，并对连续型解释变量首尾各 1% 的观测值进行了缩尾处理。

2.1.2 企业所有制层面分析

在我国金融市场发展不完善的制度环境下，企业的所有制类型不同，在很大程度上影响其在政策优惠、金融地位、信贷资源获取等方面的差异。考虑到企业

---

① 现金流计算参照 Guariglia 等（2011），等于净利润加上折旧。
② 中国工业企业数据库中，2004 年缺少了工业总产值、工业销售产值、出口交货值、工业增加值等重要信息。

可以通过填报"登记注册号"来改变企业类型以享受税收优惠，导致根据企业注册类型来划分所有制类型会引起偏误，因此根据实收资本占比来划分所有制标准更为合理（聂辉华等，2012）。借鉴 Harrison & Mcmilan（2003）和 Héricourt & Poncet（2009）运用股本比例确定所有制类型，将国有资本（国有资本+集体资本）占比超过50%的企业认定为国有企业；将民营资本（个人资本+法人资本）占比超过50%的企业认定为民营企业；将外资资本（外资资本+港澳台资本）① 占比超过50%的企业认定为外资企业。因此，我们将对不同所有制类型的企业进行分别考察，将所有企业分为国有企业、民营企业和外资企业三大类，并对三类企业的融资约束程度 cfs 值分别进行测算，测算结果如表2-1所示。

表2-1 不同所有制类型企业的融资约束（cfs 值）描述性分析

企业类型	观察值	均值	标准差	最小值	最大值
国有企业	32942	0.0525	0.5954	-18.5061	18.8700
民营企业	128632	-0.0129	0.5024	-19.5820	19.7966
外资企业	41799	0.0218	0.5126	-15.7046	17.2623

根据上述测算结果，从均值来看，国有企业与外资企业的 cfs 值为正值，其中，国有企业均值略大于外资企业，而民营企业的 cfs 值为负值。因此从总体情况来看，外资企业的融资约束情况略优于国有企业，而民营企业受到的融资约束问题最为严重。这一结果与 Poncet et al.（2010）对中国不同所有制类型企业的融资约束程度的测度一致。上述测算结果与现实是相符的。中国资本市场发育不完全与政策性贷款的存在，导致了不同所有制企业在获得融资支持和信贷配给方面存在明显的差异（Allen et al., 2005）。相较于国有企业而言，民营企业受到信贷"所有制歧视"，在寻求金融中介贷款时不仅面临着更为苛刻的资历审查与贷款条件，还必须支付更高的隐性利息成本，面临着严重的融资约束困境。世界银行的一项跨国调查显示，在中国，高达75%的民营企业将融资约束视为发展的主要障碍，并且在受调查的国家样本中，中国的这一比例是最高的（Claessens & Tzioumis, 2006）。虽然中国的民营企业经济总量占据国内生产总值的50%以上，但却只得到了27%左右的贷款，并被限制进入成本较高的股权融资和

---

① 本书中的外资资本均表示为外资资本+港澳台资本。

债务融资市场上（Farrell & Lund，2006）。而外资企业一方面天然地拥有海外投资方的强大资金支持，并且自身治理结构和信息披露较为完善，更容易获得外部融资支持；另一方面国内地方政府引进外资时能够享受各种优惠政策，因此在融资方面较内资企业而言有相对优势（Naughton，2007）。

2.1.3 行业层面分析

Hur et al. （2006）研究发现，在金融市场不发达的发展中国家，无形资产比重高的高技术行业，由于抵押品较少而面临较为严重的融资约束。相对于传统行业而言，高技术行业的企业多属于研发型，一方面技术转化周期较长，对资金提供的持续性和规模性有着更为苛刻的要求，另一方面可抵押的实物资产较少，更难获得银行贷款，因此，传统行业和高技术行业由于其自身的资本结构、投资效率存在差异，所面临的融资约束程度也会有很大的不同。本书根据2006年国家统计局发布的"高技术产业统计分类目录"①，分传统行业和高技术行业两个样本进行考察，测算结果如表2-2所示。

表2-2 传统行业和高技术行业的融资约束（cfs值）描述性分析

行业	观察值	均值	标准差	最小值	最大值
传统行业	68923	0.0104	0.5159	-19.5820	19.7966
高技术行业	133742	-0.0051	0.5285	-18.5061	18.9059

根据上述测算结果，从均值来看，传统行业的cfs值为正值，而高技术行业的cfs值为负值。因此从总体情况来看，相较于传统行业，高技术行业面临的融资约束更为严重。这一测算结果与邓翔等（2014）对中国上市公司行业层面的融资约束测算后的发现相一致。上述测算结果与现实也是相吻合的。与传统行业相比，高技术行业主要集中在研发创新活动，而研发创新活动具有孵化周期长和较高的不确定性等特征，更加依赖于持续稳定的外部资金支持，因此更容易面临融资约束。而且我国的资本市场发育还不完全，尚未形成以创业风险投资为主的新金融业态，严重制约了科技创新与资本相结合。金融体系仍然以银行间接融资为

---

① 根据2006年国家统计局发布的"高技术产业统计分类目录"，制造业中的高技术产业包括核燃料加工、信息化学品制造、医药制造业、医疗仪器设备及器械制造、航空航天器制造、通信设备、计算机及其他电子设备制造业、通用仪器仪表制造、专用仪器仪表制造。

主,融资渠道单一化,银行贷款一般要求可抵押的实物资产,因此高技术行业很难获取期限较长的大额贷款,易受到融资约束问题的困扰。

2.1.4 地区层面分析

我国经济的显著特征是区域发展不平衡,尤其在地区间金融发展水平上存在显著差异。再加上地方保护主义和地区市场分割,导致各地区之间金融市场仍然处于高度分割状态,金融资本也缺乏地区间流动,这就更导致我国地区间金融资源配置效率参差不齐。现有文献指出金融市场较为发达的地区,不仅其资金分配效率较高,还能通过扩大金融资源和增加金融产品的多样性来降低投资者的交易成本和风险,进而有效降低企业面临的融资困境(Rajan & Zingales, 1998; Demirgüc-Kunt & Maksimovic, 1998; Love, 2003)。因此我们就有必要对不同地区①进行分样本考察:

表2-3 东部地区和内陆地区的融资约束(cfs值)描述性分析

行业	观察值	均值	标准差	最小值	最大值
东部地区	148819	0.0152	0.4840	-19.5820	18.3740
内陆地区	54919	0.0324	0.6071	-17.7269	19.7966

根据上述测算结果,从均值来看,东部地区和内陆地区的cfs值均为正值,但东部地区cfs值低于内陆地区cfs值。因此从总体情况来看,相较于东部地区而言,内陆地区企业面临较为严重的融资约束。阳佳余和徐敏(2015)运用内源融资、外源融资、商业信贷等9类指标构建反映企业融资能力的综合指标测算也发现,东部地区企业相对于内陆地区企业而言融资能力更强。这主要源于东部地区经济相对发达,金融市场较为完善,金融资源配置效率较高,因此东部地区企业能够享受到金融发展带来的融资便利,并拥有大量的流动性强、安全性高、收益稳定的多样化金融工具,通过多种融资渠道获取资金支持。而内陆地区经济增长绩效明显低于东部地区,金融发展相对滞后。因此,内陆地区企业相较于东部地区而言,更容易受到融资约束(沈红波等,2010)。

---

① 其中,东部地区包括北京、天津、河北、山东、辽宁、上海、江苏、浙江、福建、广东、海南11个省(市);内陆地区包括山西、内蒙古、吉林、黑龙江、安徽、江西、河南、湖北、湖南、四川、重庆、广西、贵州、云南、西藏、陕西、甘肃、宁夏、青海、新疆20个省(市、区)。

2.2 中国的贸易自由化进程：阶段分析与定量测度

本节首先从贸易政策角度对中国的贸易自由化进程进行一个阶段分析，并根据研究主题和研究目标选择行业平均关税率来刻画贸易自由化，最后从整体水平、细分二分位行业两个层面来分析2001~2015年中国制造业的行业平均关税率变动趋势。

2.2.1 中国的贸易自由化阶段分析

第一阶段（1949~1978年）：计划经济下的封闭式保护贸易政策。

中华人民共和国成立初期，我国实行的对外贸易体制是与单一的计划经济体制相对应的"政企合一、高度集中、独家经营"的形式，并且采用以行政计划为主的管理手段，依靠计划和数量限制直接干预进出口。在对外贸易战略方面，中国采取的是"进口替代战略"，这也是为了与我国当时的社会主义计划经济体制下工业化战略相辅相成，同时政府还实行进出口管制、征收关税、海关监管和商品检验等贸易措施，以达到保护国内生产和增加财政收入的目的。总而言之，这一时期的对外贸易政策具有国家计划管理下"贸易保护主义"倾向，虽然特定的历史时期对我国集中调度和配置国内资源发展出口、进口急需的机器设备、发展重点工业等起到了积极作用，同时也有力地打破了发达国家对我国的"封锁"，但是这种高度管制的对外贸易政策也极大地限制了我国外贸企业的经营自主性和市场活力，不利于我国对外贸易的长远发展。

第二阶段（1979~1986年）：以下放外贸经营权为主的贸易体制改革。

自1978年党的十一届三中全会确立改革开放的政策以后，对外贸易在经济发展中的地位日益上升，我国的对外交往和经济合作也在逐步扩大，旧有的贸易体制的弊端开始凸显，并且极大地阻碍了我国对外贸易的发展，因此这一时期开始进行贸易体制改革。严格实行政企分开，将外贸企业从原来的行政部门中剥离出来。同时为了打破垄断，政府批准成立工贸公司、综合性贸易公司和隶属于不同部门的外贸公司及各类服务公司。在出口方面，中央确立出口商品实行分级制管理的制度，同时实行外贸公司和工业公司联合的最初形式"工贸结合"，极大地调动了企业的生产积极性,加大了出口力度。从1985年开始,试行出口承包经营责任制,并适当扩大承包的外贸专业总公司的业务范围和经营自主权,允许开展进料加工、来料加工和补偿贸易。随着外贸经营权的下放,相应的外贸行政管理体制也进行了配套改革,并且在税率方面也出台一些鼓励性措施,以提高外贸企业的积极性。

第三阶段(1987~1991年):以外贸经营承包为主的贸易体制改革。

1987年党的十三大对下一步外贸体制改革作出了重要部署,这一阶段从以下放外贸经营权为主转变为以外贸经营承包为主,在之前实行初步承包经营责任制取得一定成效的基础上,全面推行出口承包经营责任制,实现外贸企业自负盈亏。针对进出口经营体制方面,加大指导性计划和市场调节的力度,推行出口代理制和进口代理制。在外贸管理体制方面,对外经济贸易部由先前的以直接控制为主转变为以间接控制为主,市场调节为辅,在外贸宏观管理上将部分对外贸易企业的审批权下放到地方政府,主要以完善外贸法规政策为主。1986年我国提交了复关申请,1987年我国提出沿海经济发展战略的新思路,坚持"两头在外、大进大出"的加工贸易,同时配套实行出口退税。因此这一时期的贸易体制改革一方面发挥了各级地方政府和部门在对外贸易发展中的经济作用,另一方面也使得外贸企业摆脱了国家财政的制约,极大地调动了外贸企业的市场自主性,并使得加工贸易得到了迅速发展,沿海地区也充分发挥劳动力资源密集的优势,"三来一补"(即来料加工、来样加工和补偿贸易)发展势头初步显现。

第四阶段(1992~2001年):以国际贸易规范为目标的贸易政策体系改革。

1992年党的十四大确立了我国进入社会主义市场经济的新阶段,贸易政策体系改革转向以提高出口商品质量和效益为中心,调整出口商品结构,并多次大幅削减关税和非关税壁垒(见表2-4),促进进口贸易自由化。在汇率方面,实行以市场为基础的人民币浮动汇率制度。1994年以来我国通过设立出口信贷银行,优先安排外贸企业贷款,保持贷款规模和出口同步增长,并且对资本货物出口提供信贷支持,为出口贸易提供风险担保。在外贸经营体制上,按照现代企业制度改组国有外贸企业,积极发展一批国际化、集团化、事业化的综合贸易公司。对于外贸管理体制,一方面,取消原有的进出口贸易指令性计划,全面实行指导性计划;另一方面颁布《中华人民共和国对外贸易法》,加快制定《中华人民共和国反倾销条例》《中华人民共和国反补贴条例》等相关法规和细则,并根据GATT/WTO规则逐步完善我国的涉外法律体系,促使我国在国际竞争中有效地按照国际贸易规则开展对外贸易事业。

表2-4 中国平均法定关税税率(1992~2001年) 单位:%

年份	全部产品		初级产品		制成品	
	简单	加权	简单	加权	简单	加权
1992	42.9	40.6	36.2	22.3	44.9	46.5
1993	39.9	38.4	33.3	20.9	41.8	44
1994	36.3	35.5	32.1	19.6	37.6	40.6
1996	23.6	22.6	25.4	20	23.1	23.2
1997	17.6	18.2	17.9	20	17.5	17.8
1998	17.5	18.7	17.9	20	17.4	18.5
1999	17.2	14.2	21.8	21.8	16.8	13.4
2000	17	14.1	22.4	19.5	16.6	13.3
2001	16.6	12	21.8	17.7	16.2	13

注:1995年数据无法获得。
资料来源:巴特萨利等.中国与WTO:入世、政策变革和减贫战略[M].国务院发展研究中心发展战略和区域经济研究部主译.北京:中国财政经济出版社,2004:188.

第五阶段(2002~2005年):有力有序实施贸易自由化改革。

2001年12月11日,我国正式加入世界贸易组织,之后我国全面切实地履行之前的经济政策、货物贸易、服务贸易以及知识产权保护等各方面的承诺,逐步将世界贸易组织的一些原则以立法的形式转化为国家法律法规,并积极提升外经贸法律法规体系和政策管理的透明度。2004年4月6日通过新的《中华人民共和国对外贸易法》,对外贸经营权实行登记备案制,全面放开外贸经营权,并且修订了相关保障措施条例,促进贸易发展战略从单纯的产业保护向以产业调整为主、增强产业竞争力转变。在汇制改革方面,根据我国的国情和国内外形势,实行有管理的浮动汇率制,促进资源优化配置,深入贯彻以拉动内需为主的经济发展战略,增强货币政策独立性,并保持进出口水平总体上的平衡。对于关税税率,连续多次较大幅度调整关税(见图2-1),优化关税结构,根据世界贸易组织《2004年世界贸易报告》统计,中国的关税水平已经低于韩国,更显著低于印度,成为发展中国家关税水平最低的国家之一(见表2-5)。

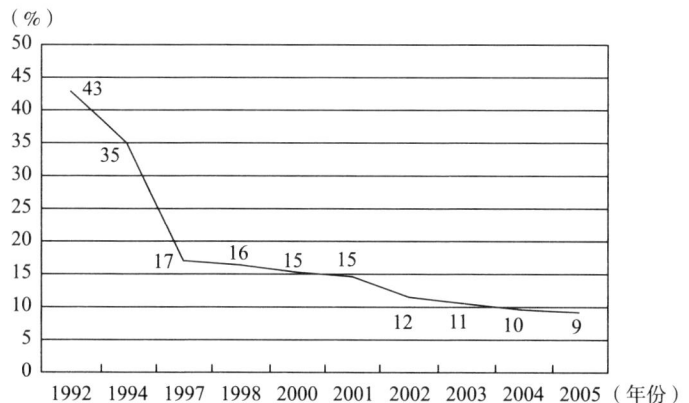

图 2-1　中国进口关税税率变化趋势（1992~2005 年）

资料来源：余淼杰，李乐融. 贸易自由化与进口中间品质量升级——来自中国海关产品层面的证据[J]. 经济学（季刊），2016（3）：1011-1028.

表 2-5　WTO 成员最惠国关税税率（2004 年）　　　　　　　　　　单位：%

国家或地区	平均关税	农产品关税	非农产品关税
中国	10	15.8	9.1
欧盟（25 国）	4.1	5.8	3.9
印度	49.8	114.5	34.3
日本	2.9	6.9	2.3
韩国	16.1	52.9	10.2
美国	3.6	6.9	3.2

资料来源：WTO.《世界贸易报告 2004 年》，附表 1。

第六阶段（2006~2008 年）：贸易自由化步伐放缓。

2006 年以后，随着各项加入 WTO 承诺的到期履行，我国的贸易自由化步伐开始放缓，旨在转变贸易增长方式，削减贸易顺差。一方面，关税保护的平均水平与结构没有实质性变化，2006 年 4 月起进口消费税调整至与国内消费税一致，因此进口贸易自由化进程虽然仍在继续，但是整体上进展不大。另一方面，2006 年后国内经济出现过热，国内通货膨胀率攀升和外贸盈余激增带来的国际压力促使我国的贸易政策由进口转向出口，同时对高耗能、高污染、低技术的工业品及部分农产品进行出口限制①。这些措施在一定程度上促进了我国的出口产业升级和国民经济可持续发展。

第七阶段（2009~2011 年）：稳定外需、逐步纠正对外失衡的贸易政策。

2008 年全球金融危机对我国对外贸易形势造成了逆转式的影响。为应对全球金融危机的冲击，我国实施积极的财政政策和适度宽松的货币政策，与之对应地采取稳定外需、逐步纠正对外失衡的贸易政策。在出口方面，运用取消或者降低部分商品的出口税、大幅提高出口退税率、促进贸易融资等多种措施全面鼓励和刺激出口；在进口方面，采取取消猪肉等部分商品的临时关税率、增加政府采购方面行政指示等诸多保护措施以应对全球复杂的大环境。与此同时，我国的贸易自由化步伐仍然呈现稳步保持状态，在此期间，中国和主要贸易伙伴国的贸易争端与摩擦持续高热，这也间接反映我国在贸易政策设计与执行方面存在一些问题。从总体上来看，金融危机以后中国虽然与其他国家一样也在加强贸易保护，但相对而言较为温和。这一时期的政策调整不仅在金融危机初期对稳定出口和相关就业发挥至关重要的作用，而且从长期促进了我国对外贸易形势的逐步好转。

第八阶段（2012 年至今）：稳步推进国际贸易自由化。

随着国际市场需求的逐步复苏，我国自 2012 年以后贸易总额开始进入较快增长阶段，贸易自由化进程继续稳步推进。在贸易政策方面采取多种举措来稳定外贸增长，如完善出口退税机制、提高贸易融资服务水平；进一步提高贸易便利化水平；增加进口以促进贸易平衡，优化出口商品结构；积极应对贸易摩擦，改善贸易环境等。2013 年 8 月 22 日，上海自由贸易试验区批准设立，标志着我国的贸易自由化进程迈向了一个新高度，随后天津、福建、广东自由贸易试验区相继成立，对我国对外开放路径和新模式进行了积极探索。随着全球贸易格局的分化，WTO 全球多边贸易体制进展缓慢，区域经济贸易一体化治理机制呈现局部替代世界贸易规则治理体系的发展势头。中国作为全球第二大经济体和第一贸易大国，2015 年 3 月 28 日在博鳌论坛年会上发布《推动共建丝绸之路经济带和 21 世纪海上丝绸之路的愿景与行动》，积极同"一带一路"沿线国家及地区商建自由贸易区，并逐步构建立足周边、辐射"一带一路"、面向世界的自由贸易区网络体系。2016 年 8 月 31 日，我国在辽宁省、浙江省、河南省、湖北省、重庆市、

---

① 盛斌，钱学锋，黄玖立，东艳. 入世十年转型：中国对外贸易发展的回顾与前瞻［J］. 国际经济评论，2011（05）：84-101+4.

四川省、陕西省新设立7个自由贸易试验区，标志着我国自由贸易试验区建设进入了试点探索的新航程。2015年12月1日国际货币基金组织（IMF）正式宣布人民币于2016年10月1日加入SDR（特别提款权），这也意味着"一带一路"倡议的实施将加快推进人民币国际化路径。

2.2.2 贸易自由化的测度方法

贸易自由化主要是指在关税及贸易总协定规则的引导下，根据关税保护和关税减让原则、一般取消数量限制原则、禁止倾销和限制出口补贴的公平贸易原则和非歧视原则等，减少贸易壁垒和政府直接干预贸易的措施①。国际贸易领域关于贸易自由化指标的度量是从对外贸易依存度开始的，即进出口总额占国内生产总值的比重，其中根据贸易的流向，又从出口和进口两个角度来区分出口依存度（出口总额占国内生产总值的比重）和进口渗透率（进口总额占国内生产总值的比重）。这种测度方法虽然简单直观，但是现实中一个国家的对外贸易依存度会受到该国的经济发展水平、国内消费者需求和市场规模等诸多因素的影响，因此对外贸易依存度是否能够准确反映贸易开放度的变动受到许多学者的质疑（Edwards，1998）。20世纪90年代以后，国内外关于构建贸易自由化指标主要分为两类：一类是指标体系法，即根据贸易扭曲程度，选取一些与贸易政策相关的指标，如平均关税率、非关税壁垒等（Anderson & Neary，1994；Dollar，1992；Sachs & Warner，1995；余淼杰和梁中华，2014；余淼杰和李乐融，2016；盛斌和毛其淋，2015；毛其淋和盛斌，2014）；另一类是模型构建法，即选取一定的指标，然后运用计量回归的方法进行预测，最后通过比较实际值与预测值的差异来度量贸易自由化程度（Leamer，1988；Harrison，1996；Patrick et al.，1996；Stewart，1999；包群等，2003）。

考虑到加入WTO后，我国主要以削减关税率、取消贸易壁垒为重心来履行入世承诺，而配额、许可证等各种非关税壁垒方面的数据不仅很难量化，而且缺乏全面可获得性，所以本节选用进口关税率来测度2001~2015年中国制造业贸易自由化水平，以期对中国加入WTO以来的贸易自由化进程进行直观上的回顾和概览。

关于行业关税率的测度，本书选择最优惠国税率（MFN Applied Tariff）中的

---

① 谭祖谊. 中国经济结构演进中的贸易政策选择 [M]. 北京：人民出版社，2008：65.

平均从价税率（Average of AV Duties），数据来自 WTO 官网的 Tarriff Download Facility[①]。根据 WTO 官网得到的是不同版本的 HS 编码下的各个年份的产品进口关税数据，而我国统计局使用的统计标准是国民经济行业分类，因此这中间需要转换。本节采用以下三个步骤进行：第一步，根据联合国统计司提供的 HS1996、HS2007、HS2012 与 HS2002 版之间的转换表将 2001~2015 年所有产品进口关税数据的统计口径统一为 HS2002 版；第二步，根据 HS2002 与国际标准产业分类［ISIC（Rev3）］转换表，将 HS2002 版转换为 ISIC（Rev3）版；第三步，根据 ISIC（Rev3）与国民经济行业分类（GB/T 4754—2002）转换表，将 ISIC（Rev3）版转换成国民经济行业分类（GB/T 4754—2002）版，再将 6 位数产品集结归类到行业层面，通过算术平均，得到中国各行业水平的平均关税率。鉴于制造业中某些行业的产品属于非贸易品，相应的进口关税数据缺失，因此本书选用国民经济行业分类（GB/T 4754—2002）下二分位代码为 13-37、39-41 总计 28 个制造业行业进行分析。

通过运用 WTO 官网 Tarriff Download Facility 中得到的产品进口关税数据，并结合上述的测度方法就可以测算出中国制造业的贸易自由化水平。图 2-2 绘制了 2001~2015 年中国制造业二分位行业和四分位行业关税率水平的变化趋势，可以看出两者的变化趋势一致，表明制造业整体的进口关税率水平呈现一个先下降后平稳的过程。结合上述中国贸易自由化阶段分析，由于 2001 年 12 月 11 日，我国正式加入世界贸易组织，因此我国全面切实地履行之前的经济政策、货物贸易、服务贸易以及知识产权保护等各方面的承诺，大幅削减关税，制造业整体关税率（四分位行业）从 2001 年的 17.00% 下降至 2005 年的 10.47%，下降了 6.53 个百分点，降幅达到 38.4%；尤其 2001 年到 2002 年降幅较为显著，达到 23.8%，此后关税逐年下降，从 2002 年 12.96%，到 2003 年 11.76%，2004 年 10.85%，2005 年 10.47%。到了 2006 年，随着各项入世承诺的到期履行，我国的贸易自由化步伐开始放缓，旨在转变贸易增长方式，削减贸易顺差，因此关税的平均保护水平趋于平稳。制造业整体关税率（四分位行业）从 2006 年的 10.43% 到 2011 年的 10.04%，仅下降了 0.4 个百分点，降幅较小。随着国际市场需求的逐步复苏，我国自 2012 年以后贸易总额开始进入较快增长阶段，贸易自由化进程继续稳步推进。我国制造业整体关税率（四分位行业）在 2012~

---

① http://tariffdata.wto.org/Default.aspx.

2015年保持在10.39%的水平。

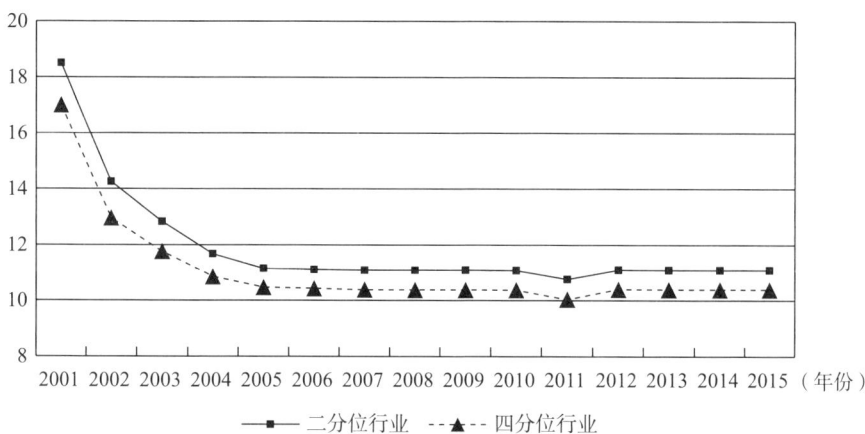

图2-2 中国制造业行业平均关税率变化趋势（2001~2015年）

接下来我们细分二分位行业的角度来进一步分析不同行业的贸易自由化水平演变特征，整理结果见图2-3和表2-6。可以看到虽然所有行业的平均关税率均表现出先下降后平稳的趋势，但是不同行业的平均关税率水平和下降幅度有着显著差异。从初始平均水平上看，在2001年，平均关税率超过30%的行业包括烟草制品业、饮料制造业和农副食品加工业，分别为57.00%、43.02%和30.15%；平均关税率低于10%的行业包括医药制造业、黑色金属冶炼及压延加工业，石油加工、炼焦及核燃料加工业和有色金属冶炼及压延加工业，分别为8.79%、8.30%、6.47%和6.45%。从下降幅度上看，2001~2005年平均关税率降幅最大的前三大行业是家具制造业、化学纤维制造业和通信设备、计算机及其他电子设备制造业，降幅分别为83.17%、66.69%和63.23%，降幅最不明显的三个行业是石油加工、炼焦及核燃料加工业，有色金属冶炼及压延加工业和金属制品业，降幅分别为11.90%、18.45%和18.79%。2005~2015年绝大部分行业的平均关税率呈现出一个缓缓下降的趋势，只有木材加工及木、竹、藤、棕、草制品业，仪器仪表及文化、办公用机械制造业、专用设备制造业、非金属矿物制品业，通信设备、计算机及其他电子设备制造业，文教体育用品制造业，纺织服装、鞋、帽制造业这七个行业的平均关税率是缓缓上升的趋势。不过这里的下降和上升幅度都非常小，基本上可以看作是平稳发展的。其中，烟草制品业、印

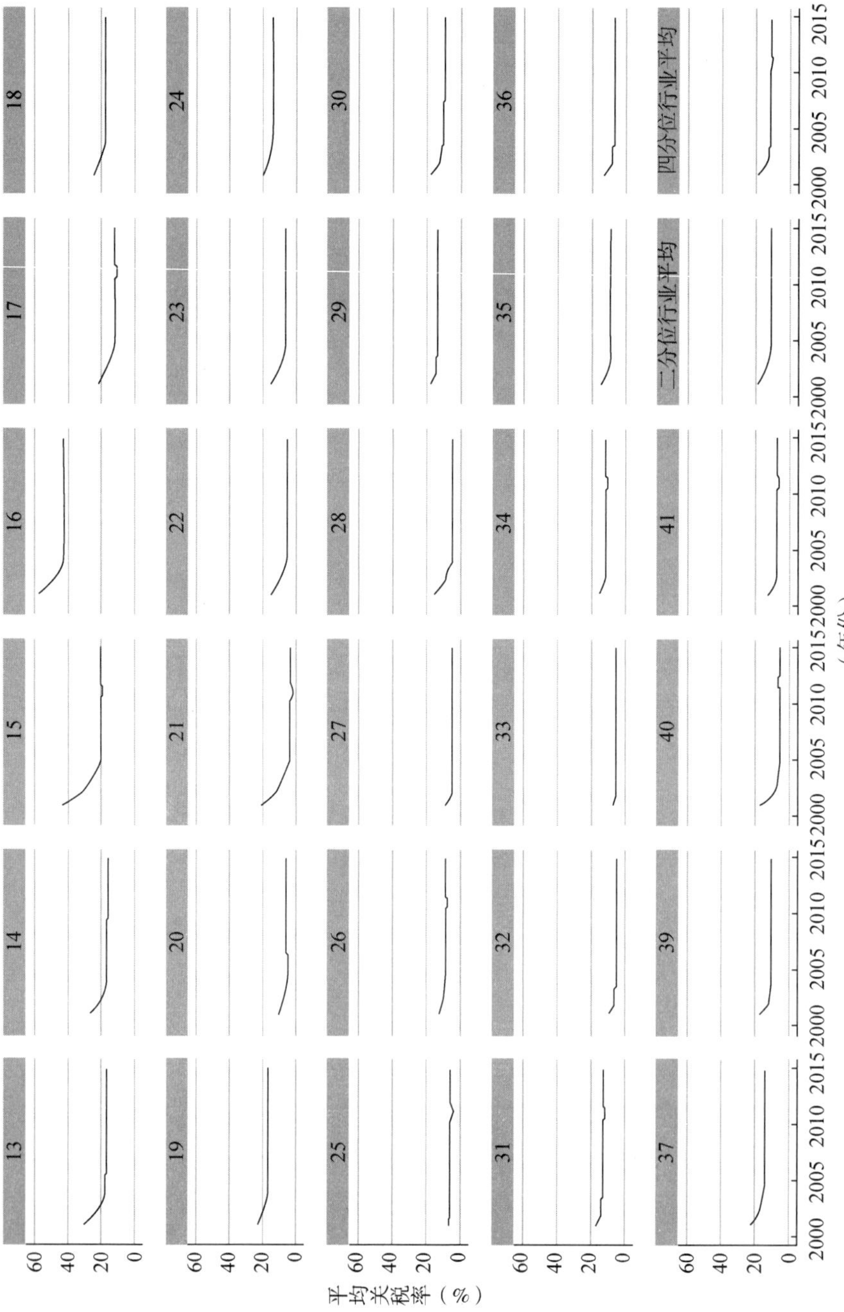

图 2-3 中国制造业行业平均关税率变化趋势（2001~2015 年）

注：图中数字表示国民经济行业分类（GB/T 4754—2002）二分位行业代码。

刷业和记录媒介的复制这两个行业在这十年间的平均关税率分别保持在43.29%和6.48%的水平上不变。橡胶制品业的平均关税率仅在2011年降为13.32%，其他九年均保持在13.53%的水平上不变。当然这是由这些行业的特殊性质和在我国国民经济中的特殊地位决定的。至2015年末，平均关税率低于5%的行业包括家具制造业、医药制造业、化学纤维制造业，并且在这28行业中有16个行业的平均关税率低于10%，这也说明我国制造业的关税壁垒下降是卓有成效的。

表2-6 制造业二分位行业平均关税率　　　　　　　单位:%

制造业行业（代码）	2001年	2003年	2005年	2007年	2009年	2011年	2013年	2015年
农副食品加工业（13）	30.15	19.96	17.29	17.01	17.00	16.85	16.95	16.95
食品制造业（14）	26.01	18.88	16.35	16.26	16.25	16.04	16.22	16.22
饮料制造业（15）	43.02	26.86	20.45	20.36	20.27	19.42	20.22	20.22
烟草制品业（16）	57.00	45.57	43.29	43.29	43.29	43.29	43.29	43.29
纺织业（17）	21.37	15.38	11.63	11.63	11.63	11.41	11.63	11.63
纺织服装、鞋、帽制造业（18）	24.00	19.84	17.25	17.26	17.26	17.26	17.25	17.25
皮革、毛皮、羽毛（绒）及其制品业（19）	22.32	18.38	16.54	16.52	16.52	16.41	16.52	16.52
木材加工及木、竹、藤、棕、草制品业（20）	10.69	6.45	5.20	5.51	5.51	5.51	5.51	5.51
家具制造业（21）	20.85	9.46	3.51	3.40	3.40	2.24	3.40	3.40
造纸及纸制品业（22）	15.17	8.43	5.75	5.73	5.73	5.68	5.75	5.75
印刷业和记录媒介的复制（23）	15.30	9.38	6.48	6.48	6.48	6.48	6.48	6.48
文教体育用品制造业（24）	19.38	15.66	14.38	14.38	14.37	13.85	14.38	14.38
石油加工、炼焦及核燃料加工业（25）	6.47	5.70	5.70	5.70	5.75	3.98	5.69	5.65
化学原料及化学制品制造业（26）	12.09	9.60	8.76	8.62	8.56	8.09	8.54	8.54
医药制造业（27）	8.79	4.94	4.90	4.90	4.90	4.81	4.90	4.90
化学纤维制造业（28）	14.86	7.48	4.95	4.94	4.94	4.93	4.94	4.94
橡胶制品业（29）	17.26	14.08	13.53	13.53	13.53	13.32	13.53	13.53
塑料制品业（30）	17.11	11.43	10.13	10.01	9.97	9.94	9.97	9.97
非金属矿物制品业（31）	16.64	13.04	12.23	12.25	12.26	11.54	12.26	12.26

续表

制造业行业（代码）	2001年	2003年	2005年	2007年	2009年	2011年	2013年	2015年
黑色金属冶炼及压延加工业（32）	8.30	5.50	5.34	5.32	5.32	5.30	5.32	5.32
有色金属冶炼及压延加工业（33）	6.45	5.33	5.26	5.23	5.23	4.95	5.23	5.23
金属制品业（34）	14.16	11.81	11.50	11.31	11.31	10.83	11.32	11.33
通用设备制造业（35）	14.33	9.44	8.83	8.82	8.82	8.31	8.81	8.81
专用设备制造业（36）	12.22	7.40	7.01	7.01	7.00	6.85	7.06	7.06
交通运输设备制造业（37）	20.78	15.02	13.58	13.19	13.19	13.14	13.20	13.20
电气机械及器材制造业（39）	16.21	10.67	10.13	9.77	9.77	9.40	9.83	9.82
通信设备、计算机及其他电子设备（40）	15.12	6.49	5.56	5.38	5.42	5.05	5.57	5.57
仪器仪表及文化、办公用机械制造业（41）	12.12	6.96	6.66	6.66	6.66	6.43	6.73	6.73

2.3 中国工业企业创新的经验观察

本节基于 2001~2015 年中国工业企业科技活动统计年鉴的数据集，从所有制、行业和地区三个维度对中国工业企业创新现状做一个中微观层面的基础描述，以为后文对贸易自由化、融资约束与企业创新三者之间的关系探讨作准备。

考虑到 R&D 投入主要刻画的是创新的前期活动，并不能完全体现创新的效益和市场价值，而中国的专利转化率较低，并且专利之间存在较大异质性，缺乏直接比较的科学性。因此拟选取相对而言能够更好地代表企业创新市场价值的新产品产值，具体地，由于年鉴条目调整，2001~2011 年用新产品产值/工业总产值来衡量企业的创新强度，2012~2015 年用新产品销售收入/工业销售产值来衡量企业的创新强度。

表 2-7 和图 2-4 为不同所有制类型的企业创新强度描述，囿于年鉴现有数据，这里只能获得 2001~2011 年企业层面的创新强度，并且根据注册类型，我

们将企业划分为国有及国有控股企业、民营企业、港澳台商投资企业和外商投资企业四类。可以看到相对于其他三类企业而言,民营企业的创新强度虽然表现出不断上升的趋势,但是绝对值是最低的。民营企业作为市场经济最有活力的创新主体,反而创新强度表现不尽如人意。同时国有企业创新强度一直处于较高的水平值,但是从趋势上较为平稳,没有突破性的发展,表现出"创新懈怠"。因此,相对于国有企业,民营企业虽然有较强的创新意愿,但是却没有实现最佳创新强度。

表2-7 不同所有制类型的企业创新强度

所有制类型	2001年	2003年	2005年	2007年	2009年	2011年
国有及国有控股企业	0.1656	0.1697	0.1694	0.1802	0.1885	0.1667
民营企业	0.1300	0.0765	0.0905	0.1051	0.1278	0.1565
港澳台商投资企业	0.1668	0.1407	0.1637	0.1404	0.1719	0.1273
外商投资企业	0.2603	0.2283	0.1841	0.2121	0.2098	0.1766

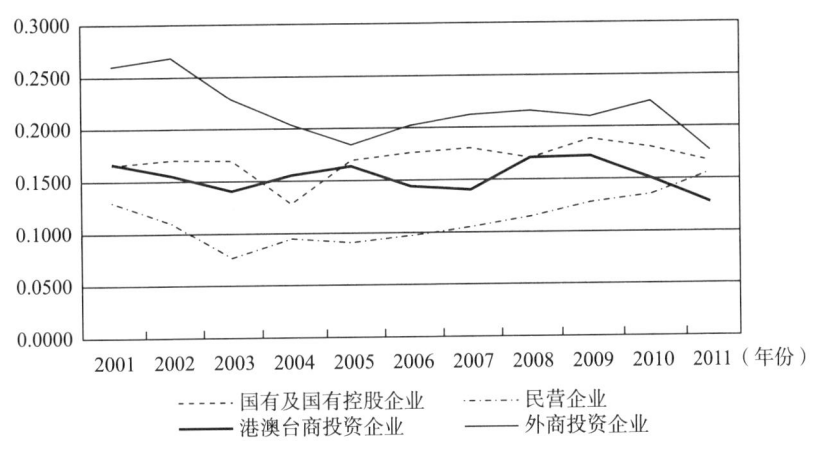

图2-4 不同所有制类型的企业创新强度变化趋势

表2-8和图2-5为不同行业的企业创新强度描述,这里要说明的是我国的《国民经济行业分类》于1984年首次发布,到目前为止,经过了1994年、2002年和2011年三次调整修订,因此我们从整体趋势看,2011年以后所有行业的创新强度出现断崖式下降,这并不能用来臆测我国的创新能力变化。因为单从2011~2015年这个阶段来看绝大多数行业的创新强度依然是逐年递增的,而

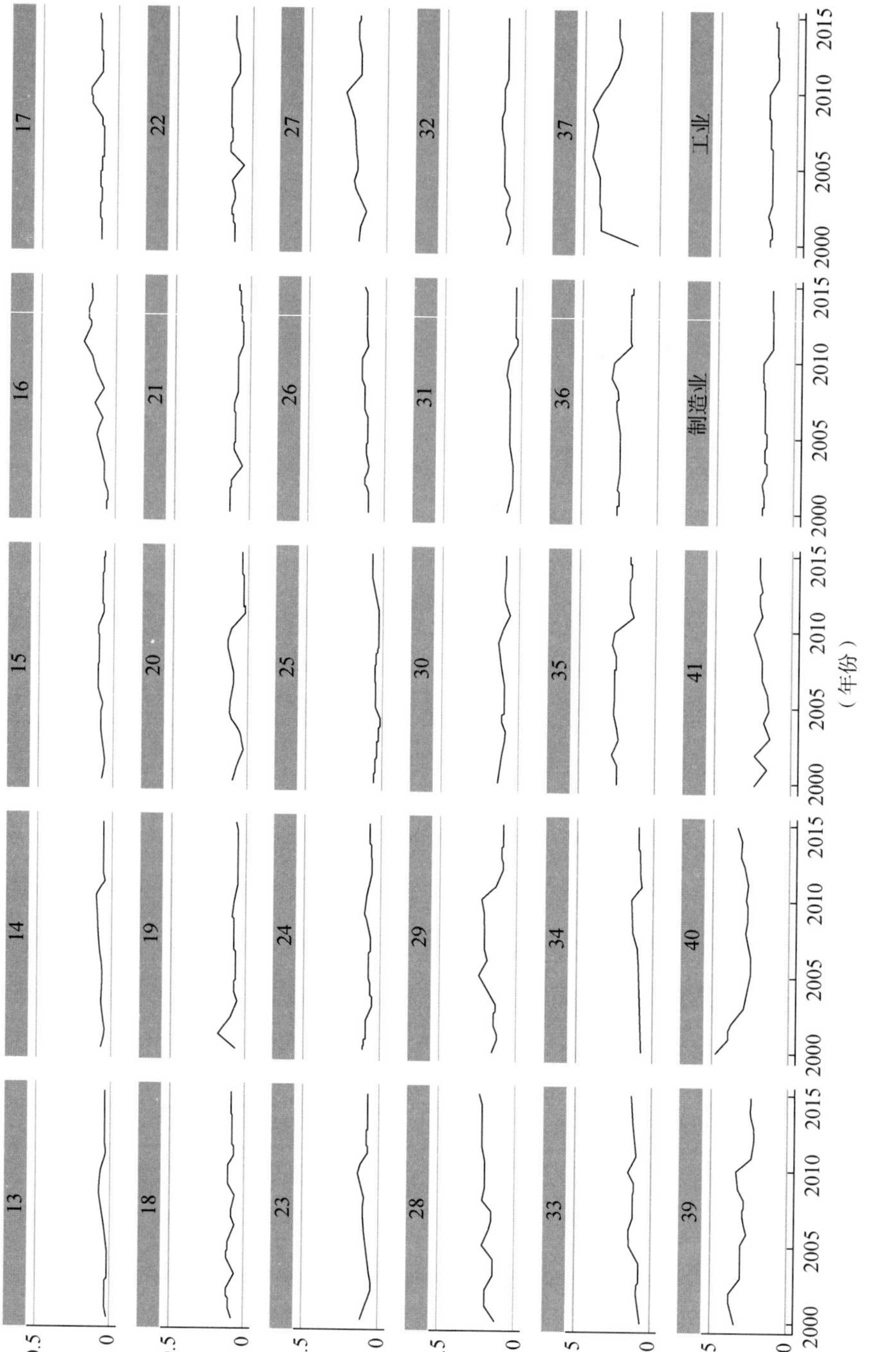

图 2-5 不同行业的企业创新强度变化趋势

注：图中数字表示国民经济行业分类（GB/T 4754—2002）二分位行业代码。

2 融资约束、贸易自由化与企业创新：中国现实

表2-8 不同行业层面的企业创新强度

行业	2001年	2003年	2005年	2007年	2009年	2011年	2013年	2015年
农副食品加工业（13）	0.0298	0.0212	0.0308	0.0527	0.0655	0.0335	0.0356	0.0433
食品制造业（14）	0.0529	0.0672	0.0587	0.0842	0.0972	0.0480	0.0608	0.0610
饮料制造业（15）	0.0588	0.0739	0.0775	0.1094	0.0968	0.0695	0.0748	0.0570
烟草制品业（16）	0.0463	0.0735	0.1248	0.1453	0.1379	0.2201	0.1824	0.1716
纺织业（17）	0.1049	0.1047	0.1037	0.0977	0.1728	0.1021	0.1143	0.1204
服装业（18）	0.1047	0.0585	0.1045	0.0844	0.1004	0.0633	0.0762	0.0819
皮革毛羽制品（19）	0.1794	0.0593	0.0704	0.0752	0.0850	0.0591	0.0590	0.0618
木材加工（20）	0.0673	0.0458	0.1283	0.0938	0.1306	0.0218	0.0278	0.0378
家具制造（21）	0.1310	0.0453	0.0945	0.1056	0.0807	0.0507	0.0591	0.0754
造纸及纸制品（22）	0.1186	0.1172	0.0614	0.1365	0.1446	0.0839	0.1065	0.1174
印刷业（23）	0.0865	0.0586	0.0863	0.1005	0.1260	0.0729	0.0719	0.0755
文教体育用品制造（24）	0.0915	0.0530	0.0723	0.0691	0.1033	0.0653	0.0687	0.0713
石油加工业（25）	0.0506	0.0234	0.0451	0.0553	0.0313	0.0304	0.0659	0.0731
化学原料制品（26）	0.0991	0.1004	0.1113	0.1319	0.1556	0.1084	0.1206	0.1286
医药制造（27）	0.1706	0.1763	0.1928	0.2092	0.2425	0.1668	0.1792	0.1840
化学纤维制造（28）	0.1948	0.1428	0.2137	0.1620	0.2013	0.2031	0.2164	0.2341
橡胶制品（29）	0.1285	0.1406	0.2429	0.2164	0.2201	0.1421	0.1061	0.0952
塑料制品（30）	0.1334	0.0942	0.1028	0.1089	0.1422	0.0618	0.1061	0.0952
非金属矿物制品（31）	0.0645	0.0556	0.0815	0.0811	0.0987	0.0374	0.0461	0.0484
黑色金属冶炼（32）	0.0932	0.1035	0.1279	0.1425	0.1337	0.1072	0.1104	0.1082
有色金属冶炼（33）	0.0682	0.0838	0.1351	0.1235	0.1103	0.0988	0.1217	0.1251
金属制品（34）	0.0756	0.0776	0.0919	0.1032	0.1282	0.0685	0.0820	0.0944
通用设备制造（35）	0.2498	0.2476	0.2706	0.2640	0.2842	0.1451	0.1678	0.1705
专用设备制造（36）	0.2552	0.2487	0.2437	0.2732	0.3049	0.1764	0.1816	0.1666
交通设备制造（37）	0.3766	0.3960	0.4091	0.4242	0.4476	0.3119	0.2632	0.2835
电气机械制造（39）	0.3631	0.3027	0.2991	0.2879	0.3172	0.2242	0.2256	0.2372
通信设备制造（40）	0.3851	0.2933	0.2515	0.2554	0.2625	0.2659	0.3085	0.3355
仪器仪表制造（41）	0.1546	0.1332	0.1489	0.1984	0.2214	0.1984	0.1981	0.2141

2001~2011年绝大多数行业的创新强度也是逐年递增的，这也正说明我国自21世纪初提出"建设创新型国家"以来，到现在实施创新驱动发展战略，我国的科技创新能力整体在稳步提升。但这里出现一个奇怪的现象，作为高技术行业的"领头羊"，通信设备、计算机及其他电子设备制造业的创新强度虽然在绝对值上是高于传统行业，但变化幅度却是28个行业中出现降幅最为明显，也是幅度最大的。

表2-9和图2-6为不同地区的企业创新强度描述，通过比较可以发现，企业创新强度较高的省（市、区）主要分布在东部地区，如北京、天津、上海、

表2-9 不同地区层面的企业创新强度

地区	2001年	2003年	2005年	2007年	2009年	2011年	2013年	2015年
北京（11）	0.2659	0.2627	0.1705	0.3297	0.2580	0.2445	0.2137	0.2063
天津（12）	0.3080	0.2834	0.3015	0.3021	0.2897	0.1820	0.2141	0.2086
河北（13）	0.0716	0.0584	0.0568	0.0696	0.0705	0.0501	0.0645	0.0766
山西（14）	0.0511	0.0709	0.0769	0.0848	0.0928	0.0556	0.0619	0.0663
内蒙古（15）	0.0565	0.1104	0.1020	0.0646	0.0865	0.0305	0.0313	0.0355
辽宁（21）	0.1173	0.1555	0.1203	0.1247	0.1615	0.0682	0.0791	0.1014
吉林（22）	0.1621	0.0335	0.2847	0.2680	0.4476	0.1353	0.0324	0.0809
黑龙江（23）	0.0449	0.0613	0.0842	0.0835	0.0884	0.0497	0.0434	0.0443
上海（31）	0.3493	0.3055	0.2983	0.2778	0.2656	0.2202	0.2407	0.2393
江苏（32）	0.1708	0.1560	0.1420	0.1642	0.1707	0.1280	0.1485	0.1660
浙江（33）	0.1817	0.1640	0.1904	0.2088	0.2274	0.1906	0.2429	0.2931
安徽（34）	0.1152	0.0927	0.1306	0.1465	0.1748	0.1298	0.1330	0.1516
福建（35）	0.1715	0.2686	0.2065	0.1857	0.1730	0.1164	0.1042	0.0877
江西（36）	0.1079	0.1237	0.1277	0.1543	0.1157	0.0531	0.0684	0.0672
山东（37）	0.1439	0.1434	0.1328	0.1413	0.1756	0.1097	0.1112	0.1019
河南（41）	0.0829	0.0839	0.0972	0.0912	0.0863	0.0553	0.0815	0.0789
湖北（42）	0.1299	0.1522	0.1461	0.1669	0.1633	0.1152	0.1221	0.1287
湖南（43）	0.1112	0.1244	0.1761	0.1880	0.2846	0.1468	0.1780	0.2029
广东（44）	0.1518	0.1561	0.1549	0.1439	0.1765	0.1547	0.1686	0.1871
广西（45）	0.1455	0.2139	0.1786	0.1738	0.1847	0.0949	0.0910	0.0763
海南（46）	0.1086	0.3285	0.2735	0.1213	0.0127	0.0881	0.0916	0.0726
重庆（50）	0.2306	0.3148	0.2674	0.3664	0.3908	0.2676	0.1742	0.2165
四川（51）	0.1500	0.1678	0.1645	0.2073	0.1979	0.0677	0.0717	0.0738
贵州（52）	0.0620	0.0885	0.0867	0.1177	0.0774	0.1234	0.0481	0.0402
云南（53）	0.0411	0.0357	0.0359	0.0996	0.0589	0.0459	0.0451	0.0531
陕西（61）	0.1025	0.1300	0.1035	0.0972	0.1069	0.0764	0.0559	0.0514
甘肃（62）	0.0462	0.0222	0.0526	0.0923	0.0522	0.0832	0.0829	0.0827
青海（63）	0.0236	0.0263	0.0362	0.0579	0.0648	0.0051	0.0054	0.0097
宁夏（64）	0.0657	0.0587	0.0692	0.0618	0.0968	0.0615	0.0815	0.0784
新疆（65）	0.0178	0.0107	0.0185	0.0319	0.0507	0.0400	0.0418	0.0622

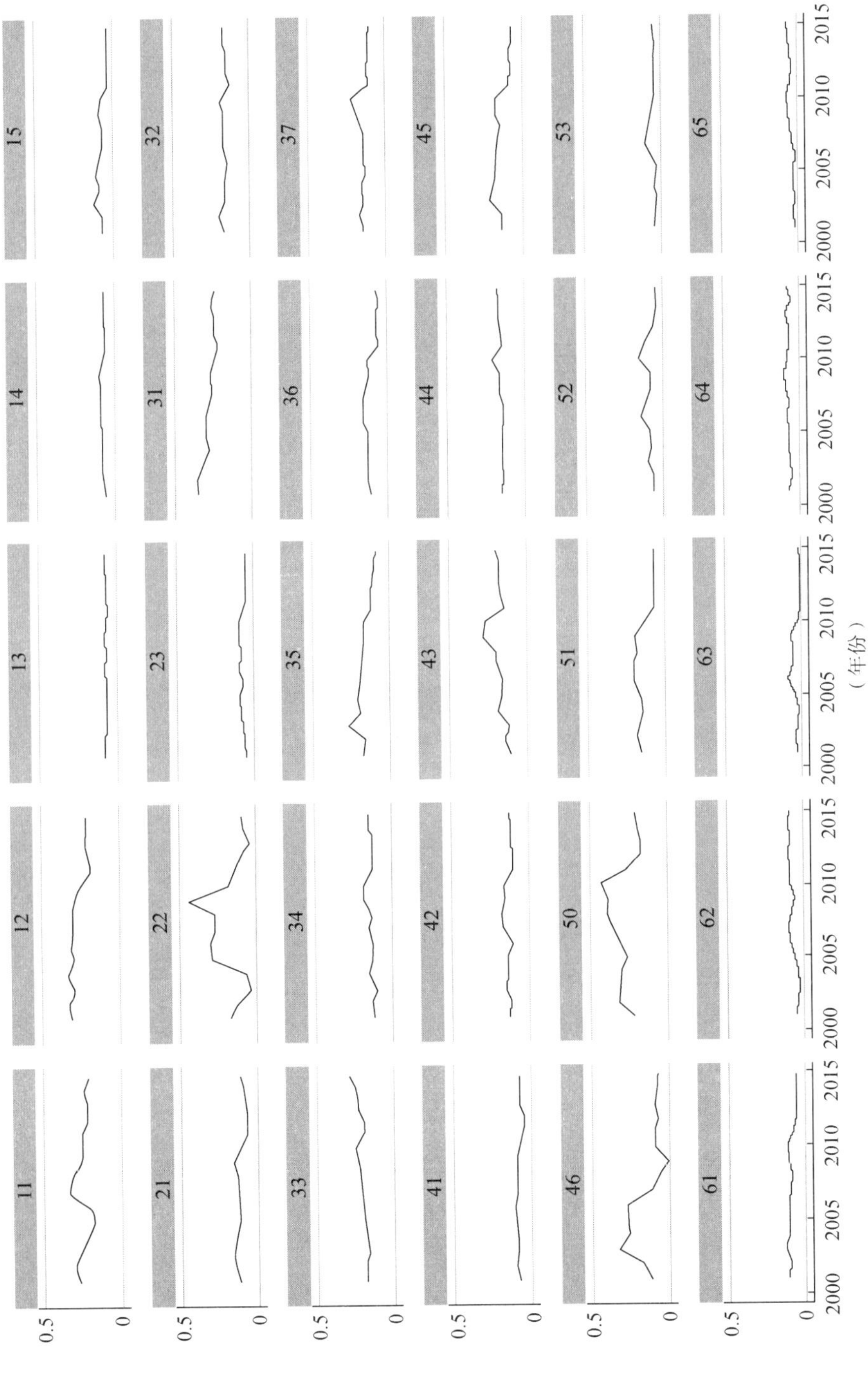

2 融资约束、贸易自由化与企业创新：中国现实

图 2-6 不同地区的企业创新强度变化趋势

注：图中数字表示中国省（市、区）代码。

江苏等，内陆地区企业创新强度绝对值上显著低于东部地区，不过依然表现出较大的创新潜力。诚然，这既与我们国家区域经济发展不平衡的特征有着莫大的关系，也与国家针对不同地区因地制宜的政策制定相关。

2.4 融资约束、贸易自由化与企业创新的关系初探

通过上述对我国工业企业的融资约束概况、贸易自由化进程和企业创新概况的特征描述，我们可以发现一些有趣的关系：

第一，对于不同所有制企业而言，相对于国有企业和外资企业，民营企业的融资约束问题最为严重，而其创新强度也是相对较低的。对于不同地区而言，相对于内陆地区，东部地区的融资约束问题较小，其创新强度是相对较高的。由此可见作为企业研发创新的上游，融资环境的重要性可见一斑。

第二，对于不同行业而言，随着行业平均关税率的降低，绝大多数的行业创新强度是增加的，值得深思的是，2001~2005年下降幅度较大的两个行业化学纤维制造业和通信设备、计算机及其他电子设备制造业（前者平均关税率下降幅度为66.69%，后者平均关税率下降幅度为63.23%）的创新强度变化表现迥异。化学纤维制造业属于传统行业，其创新强度在2001~2005年是增加的，而通信设备、计算机及其他电子设备制造业属于高技术行业，其创新强度在绝对值上高于传统行业，但是随着贸易自由化进程的推进，其创新强度在2001~2005年却是逐年降低的，而且降低幅度在这28个行业中是最明显的。那么贸易开放带来的契机为何没有带来这类高技术行业的创新激励呢？从传统行业和高技术行业所面临的融资约束程度中我们或许能够得到一些启示，根据行业层面的融资约束概况分析，我们看到高技术行业相对于传统行业而言面临着较为严重的融资约束。

因此，我们不由得推测，也许融资约束之于企业创新的重要性远远不止于提供融资支持，融资约束、贸易自由化和企业创新之间或许还存在着更微妙的关系，这也是本书研究的出发点，本书拟运用更为严谨的模型建构和实证分析来探讨融资约束、贸易自由化对企业创新的影响，这是本书接下来将要重点展开的工作。

3 融资约束、贸易自由化与企业创新：机理分析

本章我们将对融资约束、贸易自由化与企业创新进行一个较为系统的机理分析。首先主要借助于传导机制图形和数理模型推演两种分析方法，对三者之间的关系进行分视点的机理分析，其次在综合视角下构建理论模型并提出关键性的研究假说。从逻辑链条上来说，首先阐述融资约束与企业创新的作用机制，其次是详细刻画贸易自由化对企业创新的影响，并分析贸易自由化和融资约束的作用机制，最后是探讨融资约束与贸易自由化对企业创新的综合影响。

3.1 融资约束、贸易自由化与企业创新：分视点的机理分析

3.1.1 融资约束与创新的机理分析

对于融资约束与企业创新的研究由来已久，企业融资来源可以分为三种渠道：内源融资（主要是指现金流）、债务融资（主要是指银行贷款）和权益融资（发行股票等）。Myers&Majluf（1984）的"啄序顺序理论"（pecking order theory）认为，公司管理者了解公司的战略决策和经营情况，而外部债权人和权益投资者很难获得这些信息，由于信息不对称的制约，外部投资者通常不能对企业的研发投资项目进行正确评估，从而导致外部融资的资金成本高于内源融资的机会成本，因此企业为达到最优资本结构，首先考虑的是内源融资，然后才会通过外

部融资途径（债务融资和权益融资）来为研发投资项目进行融资。本章将基于已有文献，综合分析内源融资和外源融资对企业创新的作用机制，并运用传导机制图进行清晰的脉络展现。

从外源融资来看，相较于普通投资，企业与外部投资者之间的信息不对称会导致企业研发创新难以得到充足的外部融资支持。首先，企业创新投资将形成未来的无形资产，一般不具有固定资本那样的可抵押性，这使得外部投资者很难准确评估创新投资的真实价值，因此影响到企业从银行渠道获取债务融资的可能性；其次，企业的创新产出具有较高的不确定性，Scherer（1998）的研究发现，创新投资的收益呈现帕累托分布，即仅有少数的创新投资具有收益，很多研发项目由于无法将新技术成果成功转化导致创新投入无法获得回报，因此外部投资者可能会对企业创新研发项目持谨慎态度；最后，知识具有非排他性，由于很容易被模仿，一旦泄露给竞争者，可能直接导致创新减少甚至失败，因此企业对于研发项目相关信息的披露较为谨慎，那么对于外部投资者而言，就很难获得研发相关的信息。基于上述分析，企业研发创新活动的融资市场更像"柠檬"市场，外部投资者难以评估研发项目的优劣，会要求更高的风险溢价，进而增加了创新的外部融资成本。

与此同时，Hall（2002）还指出创新活动有很高的调整成本，即创新过程中超过50%的研发投资是用于技术研发人员等的工资支付，他们的研发活动为企业创造出能在未来产生价值收益的一种无形资产或者可以说是"新知识"。这种知识蕴含集结在技术研发人员的人力资本上，无法进行准确的度量，一旦员工离职，就会造成企业无形资产的损失以及创新知识的外流。然而创新活动是一种长期性和周期性的投资，从"新知识"到获取商业利益往往需要很长的时间，任何中断都会使得研发人员流失，这种知识便会脱离企业，前期投资无法挽回，造成企业的损失。因此创新活动的这一特征就使得企业必须要保证充足的资金以支付技术研发人员的工资和其他报酬，以防止研发投资项目中断后产生的高额调整成本，这也就更加剧了企业融资约束困境。

基于上述分析，我们认为，由于与外部投资者之间的信息不对称，企业的创新活动很难获得外部融资支持，与此同时企业创新具有较高调整成本的特性，因此企业的创新活动普遍受到外部融资约束的限制。

但是从内部融资来看，Grabowski（1968）研究发现企业内部资金显著促进其研发投资；Kamien & Schwartz（1978）认为，包含企业利润和累计资金的内源融资对于企业的创新投资有显著的正向影响；唐清泉和徐欣（2010）也发现中国上市公司的研发投资对其内部资金有很大的依赖性。由此可见，内源融资是企业研发创新的重要来源。Opler&Titman（1994）认为，债务融资要求企业能够提供持续稳定的用于未来还本付息的现金流，这就意味着在企业存在外部融资约束的背景下，基于信息不对称和委托代理问题理论，现金流越少的企业越难从银行等正规金融机构获得贷款，因此进一步加剧了外部融资约束对企业研发创新活动的制约作用。相反的，为了缓解外部融资约束，企业通常会把所持有的现金用于弥补现金流的不足，以增加内部现金流来保障研发创新支出。Brown&Petersen（2011）研究发现易于发生融资摩擦的企业普遍依靠内部现金流来平滑研发支出。因此，我们预期内源融资能力能够缓解外部融资约束对企业创新的负面影响。

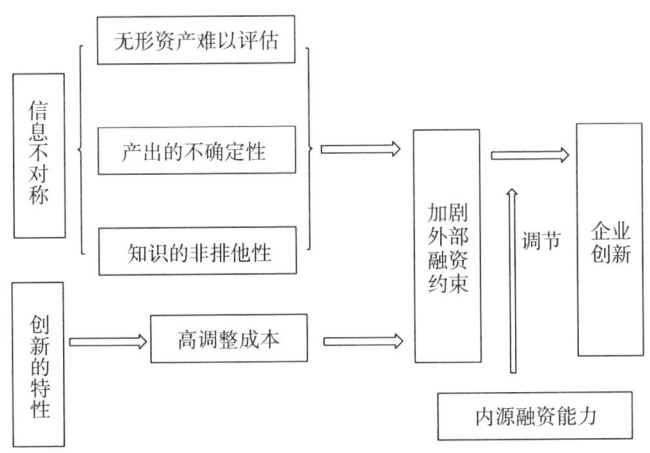

图 3-1 融资约束影响企业创新的机理

3.1.2 贸易自由化与创新的机理分析

以 Melitz（2003）为代表的新贸易理论认为在企业异质性条件下，贸易自由化会迫使无效率的企业退出，并且将资源从低效率企业转移到高效率企业，即贸易自由化通过对资源进行有效的再配置进而提高企业生产率水平。循着这一研究路径，后续研究开始放松企业生产率外生的假定，企业可以通过技术引进、新产品研发、多产品生产以及生产形式的更新等多种途径来影响自身生产率发展。那么从微观视角来分析，贸易自由化大多是通过直接影响企业的创新决策和研发投入,进而影响企业生产率。这是因为企业创新决策取决于市场规模、竞争程度以及潜在竞争者的进入和退出(Aghion et al.,2005),而贸易自由化几乎同时影响这些因素。因此本书我们将基于 Bustos(2011)的将创新决策作为二元选择变量引入异质性企业框架的经典建模思路来说明贸易自由化影响企业创新的作用机制。

(1)生产者行为。假定生产企业生产差异化产品的唯一投入要素是劳动,并且初始生产率 φ 是异质性的,生产率服从 $G(\varphi) = 1 - \varphi^{-k}$ 分布,其中 $k > 1$。在垄断竞争市场的设定下,企业进入国内市场需要支付固定成本 f_e,进入国外市场需要支付固定成本 f_x,企业出口到国外市场需要支付可变贸易成本 τ,可变贸易成本采取冰山成本形式,并且在每一个阶段企业都存在着一定的外生死亡率 δ,其服从泊松(Poisson)分布。企业面临是否进行技术创新以降低生产的边际成本的选择,这里有低生产技术 l 和高生产技术 h,当企业没有创新,使用低生产技术 l 时,边际成本为 $\frac{1}{\varphi}$,生产的固定成本为 f;当企业选择创新,使用高生产技术 h 时,边际成本较低,表示为 $\frac{1}{\gamma\varphi}$,固定成本较高,表示为 ηf。因此得到低生产技术 l 和高生产技术 h 对应的总成本函数:

$$TC_l(q, \varphi) = (f + q/\varphi)$$
$$TC_h(q, \varphi) = (f_\eta + q/\gamma\varphi)$$

其中 $\eta > 1$,$\gamma > 1$。

(2)消费者行为。假定消费者效用函数是标准的常替代弹性(CES)效用函数:

$$q(\omega) = EP^{\sigma-1}[p(\omega)]^{-\sigma}$$

其中,替代弹性 $\sigma = 1/(1-p)$,$p(\omega)$ 是每个产品种类 ω 的价格,$P = \left[\int_0^M p(\omega)^{1-\sigma} d\omega\right]^{\frac{1}{1-\sigma}}$ 是行业的价格指数,M 是现存产品种类的个数,E 是整个国家消费的所有数量。

(3)企业决策。在 CES 偏好下,利润最大化价格是企业边际成本之上的固定价格加成。那么若企业使用低技术 l 生产产品,则国内市场价格为 $p_l^d(\varphi) = 1/(p\varphi)$,国外市场价格为 $p_l^x(\varphi) = \tau/(p\varphi)$;若企业使用高技术 h 生产产品,则国内市场价格为 $p_h^d(\varphi) = 1/(p\varphi\gamma)$;国际市场价格为 $p_h^x(\varphi) = \tau/(p\varphi\gamma)$。

根据企业是否进入出口市场和技术水平的选择,将企业利润分为以下四种情况：

若企业仅在国内市场服务并且使用低生产技术l，则其利润：

$$\pi_l^d(\varphi) = \frac{1}{\sigma}E(P\rho)^{\sigma-1}\varphi^{\sigma-1} - f$$

若企业仅在国内市场服务并且使用高生产技术h，则其利润：

$$\pi_h^d(\varphi) = \frac{1}{\sigma}E(P\rho)^{\sigma-1}\gamma^{\sigma-1} - f\eta$$

若企业服务国内市场，并且选择出口，使用低生产技术l，则其利润：

$$\pi_l^x(\varphi) = (1+\tau^{1-\sigma})\frac{1}{\sigma}E(P\rho)^{\sigma-1}\varphi^{\sigma-1} - f - f_x$$

若企业服务国内市场，并且选择出口，使用高生产技术h，则其利润：

$$\pi_h^x(\varphi) = (1+\tau^{1-\sigma})\frac{1}{\sigma}E(P\rho)^{\sigma-1}\varphi^{\sigma-1} - f\eta - f_x$$

假定企业出口临界生产率小于高技术临界生产率，即 $\varphi^x < \varphi^h$，可以得到唯一均衡①。通过 $\pi_l^d(\varphi^x) = \pi_l^x(\varphi^x)$ 得到企业出口临界生产率 φ^x；$\pi_h^x(\varphi^h) = \pi_l^x(\varphi^h)$ 得到企业高技术临界生产率 φ^h。如图3-2所示，生产率最低的企业（$\varphi < \varphi^l$）退出本国市场，生产率较低的企业（$\varphi^l < \varphi < \varphi^x$）使用低技术但不出口，中等生产率企业（$\varphi^x < \varphi < \varphi^h$）使用低技术并出口，生产率最高的企业（$\varphi^h < \varphi$）使用高技术并出口。

进而，企业面临进入退出国内市场的决策时，其临界条件为仅在国内市场服务并且使用低生产技术l的企业利润为0，即：

$$\pi_l^d(\varphi^l) = \frac{1}{\sigma}E(P\rho)^{\sigma-1}(\varphi^l)^{\sigma-1} - f = 0 \quad (3-1)$$

企业面临是否出口的决策时，其临界条件为采用低技术企业出口和不出口的利润相同，即：$\pi_l^d(\varphi^x) = \pi_l^x(\varphi^x)$，则结合式（3-1）可得到：

$$\varphi^x = \varphi^l \tau (f_x/f)^{\frac{1}{\sigma-1}} \quad (3-2)$$

其中 $\tau(f_x/f)^{1/\sigma-1} > 1$，可保证 $\varphi^x > \varphi^l$，即生产率较高的企业才能出口。

企业面临是否进行技术创新的决策时，其临界条件为出口企业选择高生产技术h和低生产技术l的利润相同，即 $\pi_h^x(\varphi^h) = \pi_l^x(\varphi^h)$，则可得到：

$$(\gamma^{\sigma-1}-1)(1+\tau^{1-\sigma})\frac{1}{\sigma}E(P\rho)^{\sigma-1}(\varphi^h)^{\sigma-1} = f(\eta-1)$$

---

① 若 $\varphi^x < \varphi^h$，则均衡时没有出口企业采用低技术，这与我们现实的数据不符。

结合式（3-1）得：

$$\varphi^h = \varphi^l \frac{1}{(1+\tau^{1-\sigma})^{\frac{1}{\sigma-1}}} \left(\frac{\eta-1}{\gamma^{\sigma-1}-1}\right)^{\frac{1}{\sigma-1}} \quad (3-3)$$

可以看到，当可变贸易成本τ越低时，采用高技术h进行创新的企业比例h [$(\varphi^h/\varphi^*)^{-k}$] 越高，这是因为相对于仅仅服务于国内市场的企业而言，贸易成本的降低会提高出口企业的总体收益，通过式（3-2）和式（3-3），我们也能发现$\varphi^x < \varphi^h$的假定是必要的，此时技术采用的成本是远远高于固定的出口成本的，即：

$$\frac{\varphi^h}{\varphi^x} = \left[\frac{\pi^{1-\sigma}(\eta-1)/(\gamma^{\sigma-1}-1)}{1+\tau^{1-\sigma}} \cdot \frac{1}{f_x/f}\right]^{\frac{1}{\sigma-1}} > 1$$

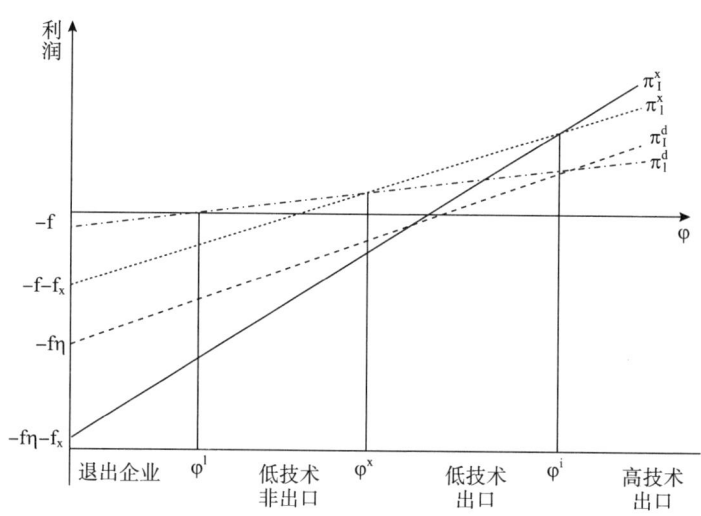

图3-2 企业出口和技术选择

（4）行业均衡。均衡价格（P）、企业数量（M）和经济体中企业的生产率分布由企业自由进入市场决定，我们知道企业自由进入意味着沉没的进入成本等于当期的预期利润：

$$f_e = \bar{\pi}[1-G(\varphi^l)]1/\sigma \quad (3-4)$$

其中，$1-G(\varphi^l)$是生存的概率，$\bar{\pi}$是存活企业的预期利润。$\bar{\pi} = \bar{\pi}_d + p_x \bar{\pi}_x$，$\bar{\pi}_d$是国内销售的预期利润，$p_x = [1-G(\varphi^x)]/1-G(\varphi^l)$是以存活为前提的

出口可能性，$\bar{\pi}_x$ 是预期的出口利润。通过推导，我们得到预期利润 $\bar{\pi}$：

$$\bar{\pi} = \frac{\sigma-1}{k-\sigma+1} f \Delta \qquad (3-5)$$

$$\Delta = 1 + \left(\tau^{\sigma-1}\frac{f_x}{f}\right)^{\frac{-k}{\sigma-1}} \frac{f_x}{f} + \left[\frac{\eta-1}{(1+\tau^{1-\sigma}(\gamma^{\sigma-1}-1))}\right]^{\frac{-k}{\sigma-1}}(\eta-1) \qquad (3-6)$$

因此，通过将式（3-5）和式（3-6）代入式（3-4），可得到生产临界生产率：

$$\varphi^l = \left(\frac{\sigma-1}{k-\sigma+1}\frac{f}{\delta f_e}\Delta\right)^{\frac{1}{k}} \qquad (3-7)$$

通过将式（3-7）代入式（3-2）和式（3-3），可得到出口临界生产率和高技术临界生产率：

$$\varphi^x = \left(\frac{\sigma-1}{k-\sigma+1}\frac{f}{\delta f_e}\Delta\right)^{\frac{1}{k}} \tau(f_x/f)^{\frac{1}{\sigma-1}} \qquad (3-8)$$

$$\varphi^h = \left(\frac{\sigma-1}{k-\sigma+1}\frac{f}{\delta f_e}\Delta\right)^{\frac{1}{k}} \frac{1}{(1+\tau^{1-\sigma})^{1/\sigma-1}} \left(\frac{\eta-1}{\gamma^{\sigma-1}-1}\right)^{\frac{1}{\sigma-1}} \qquad (3-9)$$

与此同时，将生产临界生产率式（3-7）代入零利润条件式（3-1）中得到决定福利水平的价格指数为：

$$p = \left(\frac{\sigma-1}{k-\sigma+1}\frac{f}{\delta f_e}\Delta\right)^{\frac{1}{k}} \frac{1}{\rho} \left(\frac{\sigma f}{L}\right)^{\frac{1}{\sigma-1}}$$

我们通过式（3-1）可以看到企业预期利润 $\bar{\pi}$ 是和预期固定成本 $f\Delta$ 成比例的。在只有一种技术的封闭经济中，预期利润的表达式与式（3-5）相同，但是 $\Delta=1$，因此预期利润和 f 成正比。而在开放经济中，由于 $f\Delta = f + p_x f_x + p_h(f_h - f)$，其中 $p_x = (\varphi^x/\varphi^l)^{-k}$ 和 $p_h = (\varphi^h/\varphi^l)^{-k}$ 分别表示存活企业中选择出口和采用高生产技术的比例。因此企业有 p_x 的可能性成为出口企业，此时企业的预期利润按照 f_x 的比例增加；企业有 p_h 的可能性采用高技术，此时企业的预期利润按照 $(f_h - f)$ 的比例增加。可以看到，随着可变贸易成本 τ 的降低，企业出口的可能性 p_x 和采用高技术的可能性 p_h 增加，因此预期利润也是增加的。

通过上述表达式，可证明高技术临界生产率 φ^h 随着 τ 的降低而降低，即 $\frac{\partial \varphi^h}{\partial \tau} > 0$；生产临界生产率 φ^l 随着 τ 的降低而升高，即 $\frac{\partial \varphi^l}{\partial \tau} < 0$，进而可以得到贸易自由化前后的对比情况，具体情形如图3-3所示：

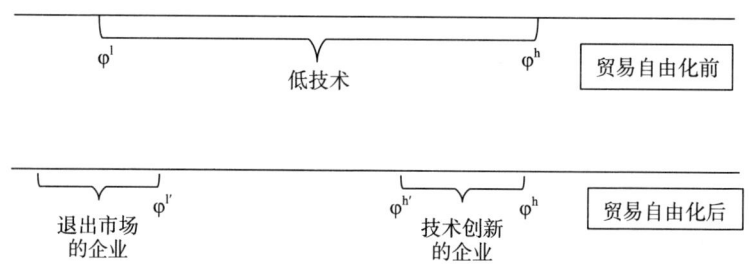

图 3-3 贸易自由化前后对比

如图 3-3 所示,贸易自由化带来可变贸易成本 τ 降低后,高技术临界生产率由 φ^h 降低至 $\varphi^{h'}$,生产率位于 $\varphi^{h'}$ 和 φ^h 之间的企业将会从低技术升级到高技术,实现技术创新。

以上便是基于二元技术选择的建模思路,通过理论模型演绎刻画了贸易自由化对企业技术创新影响的作用机理。根据上述模型推演可知,贸易自由化通过降低贸易成本来扩大出口市场,增加企业的销售收入和总体收益,进而弥补了企业研发的投资成本,因此提高了企业创新研发的回报率,促进企业增加研发投资,进行产品创新。

3.1.3 贸易自由化与融资约束的机理分析

企业的国际化活动往往会依赖于外部资金支持。外部资金为企业的生产成本、机器设备引进、中间投入采购和大量投资的前期成本提供重要支持。实证研究认为,外部资金支持和金融市场发展是贸易活动的重要影响因素。现有的理论文献大都基于 Melitz（2003）模型,将企业的融资约束异质性纳入到分析框架中,说明融资约束对贸易流动的负面影响（Manova,2013；Chaney,2016）,但这些模型主要关注的是局部均衡,因而忽视了福利含义。本节则基于 Formai（2013）模型,以不完全债权人保护的形式将信贷摩擦纳入到异质性企业贸易模型中,分析信贷摩擦和贸易自由化之间的相互作用机制,说明不完全的资本市场可能会制约贸易自由化带来的贸易所得。

3.1.3.1 消费者行为

假定代表性消费者的效用函数是 CES 效用函数:

$$U = \left[\int_{\omega \in \Omega} q(\omega)^{\rho} d\omega \right]^{\frac{1}{\rho}} \quad (3-10)$$

其中,Ω 表示可获得的产品 ω 的种类总集,q(ω)则是消费者消费产品 ω 的数量,替代弹性 σ = 1/(1 - ρ) > 1,总的价格指数 P 和消费者对差异化产品的消费数量 q(ω) 分别为:

$$p = \left[\int_{\omega \in \Omega} p(\omega)^{1-\sigma} d\omega\right]^{\frac{1}{1-\sigma}}$$

$$q(\omega) = e \frac{p(\omega)^{-\sigma}}{p^{1-\sigma}}, \quad \forall \omega \in \Omega \tag{3-11}$$

3.1.3.3.2 生产者行为

考虑两个对称的国家,劳动是唯一的生产要素,每个国家的劳动总量为 L。由国家对称性假设可知,两国的工资率 w 相等,可将其标准化为 1。生产部门提供差异化产品供消费者消费,该部门是规模报酬递增的。在 Dixit - Stigliz 垄断竞争的设定下,企业面临三种不同类型的固定成本:第一是标准的 Dixit - Stigliz 新产品开发成本,用 F_E 表示;第二是进入国内市场的成本,用 F_D 表示;第三是进入国外市场的成本,用 F_X 表示。同时企业出口到国外市场需要支付可变贸易成本 τ,可变贸易成本采取冰山成本形式,并且在每一个阶段企业都存在着一定的外生死亡率 δ。

部门中存在大量的潜在进入者,每个企业会选择生产一种差异化产品 ω。由于劳动是唯一的生产要素投入,则生产函数采取线性形式:Q = φl。如同 Melitz (2003),企业的初始生产率是异质性的,并且服从一定的概率分布。本文假定生产率 φ 服从概率密度函数 g(φ),相应的累积分布函数 $G(\varphi) = 1/\left(\frac{\varphi_m}{\varphi}\right)^{\alpha}$,其中 $\varphi \geq \varphi_m$,φ_m 是最小的生产率并且 $\varphi_m > 0$。系数 α 表示生产率分散的程度。α 越大,说明低生产率企业的相对数量较多,则生产率分布集中在低生产率水平上。为了保证平均生产率在有限范围内,需假定 α > σ - 1。均衡时部门有 M 个企业生产差异化产品,并服从概率密度函数 μ(φ),取值范围为(0, ∞)。

由于所有企业都面临着不变的产品替代弹性,因此会选择相同的利润最大化加成率 σ/(σ - 1) = 1/ρ。则可得到国内市场价格为:

$$P_D(\varphi) = \frac{1}{\rho\varphi} \tag{3-12}$$

那么,国内市场的利润函数为:

$$\pi_D(\varphi) = P_D(\varphi)Q_D(\varphi) - l(\varphi) = r(\varphi)/\sigma$$

其中,$r_D(\varphi)$ 是企业的国内市场收益。经济总体的消费支出 E = el,其中,e

为个体消费者支出。结合这一需求表达式和价格表达式(3),可以重新表示企业国内市场的收益函数和利润函数：

$$r_D(\varphi) = E(P\rho\varphi)^{\sigma-1} \quad (3-13)$$

$$\pi_D(\varphi) = \frac{E}{\sigma}(P\rho\varphi)^{\sigma-1} \quad (3-14)$$

由于企业进入国外市场会设定较高的价格以反映由于可变的贸易成本带来的较高的边际成本,因此国外市场的价格为：$P_X(\varphi) = \tau/\varphi\rho$,相应的收益函数和利润函数分别为：$r_X(\varphi) = E\left(P\frac{\rho\varphi}{\tau}\right)^{\sigma-1}$ 和 $\pi_X(\varphi) = E\frac{E}{\sigma}\left(P\frac{\rho\varphi}{\tau}\right)^{\sigma-1}$,其中,由于假定对称性的两个国家,因此 E 和 P 没有国家符号的下标。

3.1.3.3 信贷市场假定

假定潜在的生产者的初始财富均是 0,面临着融资约束,那么企业需要在竞争性的借贷市场上获取资金支持,与投资者签订贷款合同,规定相应的还款日和每期款项偿付。信贷市场是不完全的,即存在不完善的贷款人保护。具体而言,贷款方和借款方依据未来可能实现的生产率 φ 签订贷款合同,但是在还款日来临时,借款方可以选择隐藏企业利润,拒不偿付款项,此时存在 $\lambda \in (0,1)$ 的概率法院会强制要求企业从其各期利润中偿付款项给借款方。因此 λ 表示信贷市场的效率,λ 越小,表示信贷市场摩擦越严重。如果 $\lambda = 1$,则信贷市场上没有摩擦,那么企业的融资约束就变得无关紧要,在这种情况下,模型简化为 Melitz(2003)的形式,具有相同的稳态平衡特征。

3.1.3.4 开放经济下的最优贷款合同

为了支付 Dixit-Stigliz 新产品开发成本 F_E 以开始生产活动,企业必须立刻获得外部资金支持,因此贷款合同设定了一个从贷款方到借款方的固定事前转移 $K \geqslant 0$ 和一个可能实现企业生产率 φ 的实施计划。该计划设定了企业的进入规则和企业须按时偿付每期债务（激励相容机制）。进入规则设定国内市场是 $i(\varphi) \in (0,1)$,并且进入国内市场的债务偿付是 $f(\varphi)$;国外市场是 $i_x(\varphi) \in (0,1)$,并且同时进入国内市场和国外市场的债务偿付是 $f'(\varphi)$,在这种情形下,债务偿付还包含了进入国外市场的成本 F_X。当 $i(\varphi) = 1$ 时,表明企业进入国内市场;当 $i(\varphi) = 0$ 时,表明企业没有进入国内市场;国外市场类似,若 $i_x(\varphi) = 1$,则企业进入国外市场,反之则无。

企业的最优贷款合同由下面的最优化解得到：

$$\max_{i(\varphi),i_x(\varphi),f(\varphi),f'(\varphi),K} V_E$$

$$= \int_{\varphi_m}^{\infty} \left[\sum_{t=0}^{\infty} (1-\delta)^t (\pi_D(\varphi) - f(\varphi)) \right] (i(\varphi) - i_x(\varphi)) g(\varphi) d\varphi +$$

$$\int_{\varphi_m}^{\infty} \left[\sum_{t=0}^{\infty} (1-\delta)^t (\pi_D(\varphi) + \pi_X(\varphi) - f'(\varphi)) \right] i_x(\varphi) g(\varphi) d\varphi + K$$

约束条件有:

$$K \geqslant 0 \quad (LC)$$

对于 $i(\varphi) = 1$ 和 $i_x(\varphi) = 0$ 时的所有 φ 而言:

$$\pi_D(\varphi) - f(\varphi) \geqslant (1-\lambda) \pi_D(\varphi) \quad (IC)$$

对于 $i(\varphi) = 1$ 和 $i_x(\varphi) = 1$ 时的所有 φ 而言:

$$\pi_D(\varphi) + \pi_X(\varphi) - f'(\varphi) \geqslant (1-\lambda)[\pi_D(\varphi) + \pi_X(\varphi)] \quad (IC')$$

$$V_L = \int_{\varphi_m}^{\infty} \left[\sum_{t=0}^{\infty} (1-\delta)^t f(\varphi) - F_D \right] [i(\varphi) - i_x(\varphi)] g(\varphi) d\varphi +$$

$$\int_{\varphi_m}^{\infty} \left[\sum_{t=0}^{\infty} (1-\delta)^t f'(\varphi) - (F_D + F_X) \right] i_x(\varphi) g(\varphi) d\varphi - F_E - K \geqslant 0$$

$$(PC)$$

对于 $i(\varphi) = 1$ 和 $i_x(\varphi) = 0$ 时的所有 φ 而言:

$$\sum_{t=0}^{\infty} (1-\delta)^t f(\varphi) \geqslant F_D \quad (RP)$$

对于 $i(\varphi) = 1$ 和 $i_x(\varphi) = 1$ 时的所有 φ 而言:

$$\sum_{t=0}^{\infty} (1-\delta)^t f'(\varphi) \geqslant (F_D + F_X) \quad (RP')$$

企业的目标函数由未来的预期利润折现值和事前转移 K 之和得出。当企业仅仅服务于国内市场时,预期利润是 $\pi_D(\varphi) - f(\varphi)$,此时 $i(\varphi) - i_x(\varphi) = 1$,并且企业每期偿付债务,面临激励相容条件约束(IC)。当企业选择出口,同时服务于国内市场和国外市场时,预期利润是 $\pi_D(\varphi) + \pi_X(\varphi) - f'(\varphi)$,此时 $i_x(\varphi) = 1$,并且企业面临第二个激励相容条件约束(IC')。贷款人的参与约束(PC)要求贷款合同的预期价值是非负的,即每期偿付债务的折现值减去进入成本的净值超过了初始投资 F_E 和 K。最后两个条件(RP 和 RP')是保证贷款人在企业进入国内市场和国外市场时是有利可图的。

根据上述两个激励相同条件(IC 和 IC')对于边际企业而言,有 $f(\varphi) = \lambda \pi_D(\varphi)$ 和 $f'(\varphi) = \lambda[\pi_D(\varphi) + \pi_X(\varphi)]$。将其代入 RP 和 RP' 条件中,得:

$$\pi_D(\varphi) \geq \frac{\delta F_D}{\lambda}$$

$$\pi_D(\varphi) + \pi_X(\varphi) \geq \frac{\delta(F_D + F_X)}{\lambda} \quad (3-15)$$

企业可以使用国内市场获取的利润来支持进入国外市场产生的债务偿付，同时也说明出口的预期利润折现值没有超过进入国外市场的成本 F_X 时，没有企业会选择进入国外市场。因此可以得到：

命题1：进入国内市场的临界生产率是 $\varphi^* = \{\varphi : \pi_D(\varphi) = \frac{\delta F_D}{\lambda}\}$；进入国外市场的临界生产率是当 $\lambda \geq \lambda'$ 时，$\varphi^* = \{\varphi : \pi_X(\varphi) = \delta F_X\}$；当 $\lambda < \lambda'$ 时，$\varphi^* = \{\varphi : \pi_X(\varphi) = \frac{\delta(F_D + F_X)}{\lambda(1 - \tau^{\sigma-1})}\}$，其中 $\lambda' = \frac{F_D/F_X + 1}{(1 + \tau^{\sigma-1})}$

当 $\lambda < 1$ 时，信贷摩擦较为严重，国内企业普遍面临着融资约束，这意味着企业发现进入国内市场是有利可图的，即 $\frac{\pi_D(\varphi)}{\delta} \geq F_D$，但是由于不完善的信贷保护，企业不总是能够得到支付进入国内市场成本 F_D 的外部资金支持。相反地，只有在很低时，企业进入国外市场才会受到融资约束。即使进入国外市场并非最优决策，企业仍然可以获得同时进入国内市场和国外市场的信贷支持，即 $\frac{\pi_X(\varphi)}{\delta} < F_X$。信贷合同派出了进入国外市场会产生净损失的可能性；只有当 $\frac{\pi_X(\varphi)}{\delta} \geq F_X$，企业才会进入国外市场，这是因为相对于满足有效条件 $\frac{\pi_X(\varphi)}{\delta} \geq F_X$，进入国内市场和国外市场产生的债务偿付可能会失去国内市场和国外市场产生的利润 $\pi_D(\varphi)$ 和 $\pi_X(\varphi)$ 的风险更容易满足要求。基于命题1，信贷摩擦越严重（λ 越小），进入国内市场成本越高（F_D 越大），可变贸易成本越低（τ 越小），企业进行出口更容易受到融资约束。因此，λ 产生的影响是：信贷摩擦越严重，激励行为扭曲越大。那么就需要较高的利润来保证债务偿付。其他三个系数的影响来自这样一个事实，即进入国内市场的净利润 $\pi_D(\varphi) - F_D$ 可以支持进入国外市场的成本。若 F_D 较高，则净利润 $\pi_D(\varphi) - F_D$ 越低，那么 $\pi_X(\varphi)$ 必须较高。由于，$\pi_D(\varphi) = \tau^{\sigma-1}\pi_X(\varphi)$，则若可变贸易成本较低（$\tau$ 越小），那么在给定的 $\pi_X(\varphi)$ 下就会有较低的 $\pi_D(\varphi)$。因此若国内净利润较低，那么就要求较高的国外市场利润进行补偿。这是因为第一种情况下国外市场利润可以支付固定成本，而在第二种情况下是国内市

场利润和国外市场利润加总来支付固定成本。因此最优贷款合同满足进入规则：当 $\varphi \geq \varphi^*$ 时，$i(\varphi) = 1$；当 $\varphi \geq \varphi_x^*$ 时，$i_x(\varphi) = 1$。

（五）开放经济下的均衡

基于生产率 φ 服从概率密度函数 $g(\varphi)$，相应的累积分布函数 $G(\varphi) = 1 - \left(\dfrac{\varphi_m}{\varphi}\right)^\alpha$，得到企业的自由进出条件（FEC）和零利润条件（ZPC），并得到唯一存在的稳态均衡。

命题 2：进入国内市场的临界生产率 φ^* 是连续的，并且不随着 $\lambda \in (0, 1)$ 递减。具体地，当 $0 < \lambda < \lambda'$ 时，

$$\varphi^* = \varphi_m \left\{ \left[\frac{\sigma - 1}{\alpha - \sigma + 1} + \tau^{-\alpha} \left(\frac{1 + \tau^{\sigma - 1}}{1 + F_D/F_X} \right)^{\frac{\alpha}{\sigma - 1}} \left(\frac{F_D}{F_X} \right)^{\frac{\alpha - \sigma + 1}{\sigma - 1}} \left[\frac{\alpha}{\alpha - \sigma + 1} \left(\frac{1 + \tau^{\sigma - 1}}{1 + F_D/F_X} \right)^{-1} - 1 \right] \frac{F_D}{F_E} \right] \right\}^{\frac{1}{\alpha}}$$

当时 $\lambda' \leq \lambda \leq 1$ 时，$\varphi^* = \varphi_m \left\{ \left[\frac{\sigma - 1}{\alpha - \sigma + 1} + \tau^{-\alpha} \left(\frac{F_D}{\lambda F_X} \right)^{\frac{\alpha - \sigma + 1}{\sigma - 1}} \left(\frac{\alpha}{\alpha - \sigma + 1} - \frac{1}{\lambda} \right) \frac{F_D}{F_E} \right] \right\}^{\frac{1}{\alpha}}$

而且部门企业数量 M 是连续的，随着 $\lambda \in (0, 1)$ 而递增；出口企业的相对数量 $\dfrac{M_X}{M} = \dfrac{\varphi^*}{\varphi_x^*}$ 是连续的，随着 $\lambda \in (0, 1)$ 非递增。

接下来本书将结合信贷摩擦 λ 和可变贸易成本 τ 来分析开放经济下得到的唯一均衡的稳态特征，即分析在两个对称性国家中 λ 和 τ 的变动会如何引起模型中内生变量的变动，并最终导致福利水平的变化。

根据命题 2，我们得出则当 $0 < \lambda < \lambda'$ 时，$\dfrac{\partial \varphi^*}{\varphi \lambda} = 0$；$\lambda' \leq \lambda \leq 1$ 时，$\dfrac{\partial \varphi^*}{\varphi \lambda} > 0$。具体分析，当 $0 < \lambda < \lambda'$，即信贷摩擦较大时，大多数企业受到融资约束，进入国内市场的临界生产率，乃至平均生产率 $\widetilde{\varphi} = \left[\dfrac{\alpha}{\alpha - \sigma + 1} \right]^{\frac{1}{\sigma - 1}} \varphi^*$ 不会随着 λ 的变动而发生变化。当 $\lambda' \leq \lambda \leq 1$，即信贷摩擦较小时，较少企业受到融资约束，进入国内市场的临界生产率和平均生产率随着 λ 的增加而增加。因此进入国内市场的临界生产率 φ^* 总是低于无信贷摩擦时的水平（$\lambda = 1$）。尽管信贷摩擦的增加意味着企业将更加难以获得信贷支持，但是由于稳态均衡的影响和国内市场与国外市场进入的相互作用，导致进入国内市场的临界生产率 φ^* 并没有随着信贷摩擦的增加而增加。因此根据上述命题，我们发现信贷摩擦会导致较少的企业和相对较多的出口企业。

在贸易自由化带来的开放经济下，信贷摩擦产生了两种无效率：第一，信贷摩擦会引起企业的机会主义行为并产生租金 $V_E = [1 - G(\varphi^*)] \dfrac{(1-\lambda)\bar{\pi}}{\delta} > 0$。贷款方的预期保证利润只是固定成本投资回报 λ 的部分，因此经济体中的信贷供给是增加的，那么企业将不会投入资源进行创新生产，这就限制了企业的市场进入，相对于 $\lambda = 1$ 时，市场中的企业数量 M 较低。第二，贸易成本下降使得出口变得更加有利可图，企业会使用国内市场产生的利润来支持进入国外市场的成本，扭曲了国内市场进入的激励。因此信贷摩擦会导致企业的无效率进入和国内市场与国外市场之间的资源错配。结果进入国内市场的企业较少，平均生产率较低，然而这些企业中有较高比例的企业还会选择进入国外市场。当较高的贸易开放程度（τ 较低时，p_x 或者相对出口销售额较高）时，模型得出经济体中存在大量低生产率企业。这个情形与很多新兴经济体的现实相似（如 Hsieh 和 Klenow (2009) 对中国和印度的研究），并且这不能由 Melitz 的传统框架（即贸易开放带来生产要素竞争变得更加激烈，从而促使低生产率企业离开市场）来解释。

命题 3：对于 $\lambda \in (0, 1)$，如果 α 较小时（接近 $\sigma - 1$），则 $\partial \varphi^* / \partial \tau < 0$；如果 α 较大时，则 $\partial \varphi^* / \partial \tau > 0$。部门内企业的总数量 M 始终随着 τ 的增加而增加，而出口企业的相对数量 M_X / M 随着 τ 的增加而减少。

这里可以看到，M 和 M_X / M 的变化是和 Melitz (2003) 以及最近的异质性企业文献相同。可变贸易成本降低（τ 降低）意味着出口有着较高的预期利润，导致更多的企业会选择进入国外市场（M_X / M 增加）并研发新产品。这会增加经济体内劳动力的需求，在给定经济体内劳动力总量 L 下，最终的均衡中只有较少的企业（M 减少）。在 Melitz (2003) 的研究中，贸易自由化带来市场竞争增加会促使低生产率企业退出，国内企业的临界生产率随着 τ 的降低而增加。但是当模型中存在信贷摩擦时，均衡就会发生变化。只有当 α 足够小，即经济体中高生产率企业的相对比例更高时，贸易自由化会促使低生产率企业退出，进而提高临界生产率（$\partial \varphi^* / \partial \tau < 0$）。而若 α 较大时，经济体中低生产率企业的相对比例较高，那么贸易自由化就会降低临界生产率（$\partial \varphi^* / \partial \tau > 0$）。出现这一结果的原因是，信贷摩擦产生了市场进入的总预期利润和可向贷款人保证的最大预期利润之间的楔子。具体来说，可变贸易成本的降低会增加进入国外市场的预期利润和预期的事前进入成本，并且国外市场的价格也增加。第一个效应占主导地位，因此进入国外市场的预期净利润是增加的；另一方面，预期的事前进入成本增加会促使贷

款方只能内在化 λ（$\lambda < 1$）部分的预期净利润。那么在贷款方看来，这个净影响是负的。在企业的自由进入条件下，进入国内市场带来的贷款方预期净利润增加，就会促使 φ^* 降低和 M 增加。可向贷款人保证的预期利润是否高于预期成本的增加时取决于系数 α。那么当 α 较小时，企业生产率分布更加集中在高生产率水平，那么可变贸易成本下降带来的预期保证利润会增加，从而超过了预期成本的负面效应，因此得到 $\partial \varphi^* / \partial \tau < 0$。

引理1：在存在信贷摩擦的开放经济均衡中，人均福利 U 可写为：$U = \frac{\sigma \rho \varphi^*}{\sigma - 1 + \lambda} \left(\frac{\lambda L}{\delta F_{D(\sigma-1+\lambda)}} \right)^{\frac{1}{\sigma-1}}$，而且，$\partial U / \partial \lambda > 0$，当 α 足够小时，$\partial U / \partial \tau < 0$；当 α 足够大时，$\partial U / \partial \tau > 0$。

根据命题3，产品种类 M 随着 λ 递增，国内企业临界生产率 φ^* 和平均生产率随着 λ 的增加而非递减。因此随着平均生产率和可获得的产品种类增加而上升的消费者福利也随着 λ 的增加而递增。而贸易自由化对消费者福利的影响取决于外生系数 α。可变贸易成本 τ 对消费者福利 U 的影响最终取决于企业进入国内市场的临界生产率 φ^*。根据命题3，当 α 足够大时，贸易自由化会导致临界生产率降低；当 α 足够小时，贸易自由化会导致临界生产率上升。这一结果与 Melitz（2003）贸易自由化一定会促使消费者福利上升的结论不大相同。可能的解释是，在更一般的命题中，当系统中存在另一种扭曲时，那么其中一种扭曲程度的下降并不会必然导致整体福利水平的上升（Bhagwati，1969）。所以，贸易摩擦（$\tau > 1$）和信贷摩擦（$\lambda < 1$）从相反的方向扭曲了资源配置：前者阻碍出口活动；而后者支持出口活动。其中一种扭曲的下降会放大另一种扭曲带来的负面效应，因此带来的总的福利效应并不总是上升的。

至此，本节在一般均衡的框架下，通过理论模型演绎刻画了存在信贷摩擦时，贸易自由化并不会必然会导致消费者福利水平的上升。因此不完全的资本市场可能会制约贸易自由化带来的贸易所得，这对于信贷摩擦较为严重和金融发展水平较低的发展中国家有着更为重要的意义。

3.2　融资约束、贸易自由化与企业创新：综合分析

贸易自由化通过扩大市场形成的竞争效应、降低中间投入品成本的成本效应

和引进新产品的知识溢出效应,促进企业加大研发投入、采用先进技术,从而有更多的创新。但在融资约束的异质性条件下,不同企业针对贸易自由化的反应也会有所差异,融资约束可能会阻碍贸易自由化带来的创新效应。本书在企业异质性的贸易理论模型框架下,借鉴 Foellmi et al.(2015)的企业创新决策以及 Chaney(2016)、Manova(2013)关于融资约束异质性的建模思路,构建一个在贸易自由化与融资约束的交互影响下企业创新决策模型,从理论上考察融资约束条件下,贸易自由化对企业创新的异质性影响。

3.2.1 生产者行为

假定生产厂商运用生产技术 a 和资本存量 k 生产产品,并且企业开始生产时需要支付固定成本 f(Melitz,2003),则企业的生产函数为 $y_i = a(k_i - f)$。我们将每个企业 i 的原始资本设定为 ω_i,资本禀赋由 $H(\omega)$ 决定,则经济中的总资本为 $K = \int_0^\infty \omega dH(\omega)$。为简化起见,我们将产品质量设定为从 l 到 q 的水平表示,则企业提高产品质量需要投入 $f(q-1)$ 单位的资本。

3.2.2 消费者行为

消费者效用函数采用 CES 形式,并且消费者对两种不同的产品是可以完全替代的。

$$U = \left[\int_0^1 (c_{lj} + qc_{qj})^{\sigma-1/\sigma} dj \right]^{\frac{\sigma}{\sigma-1}}, \quad \sigma > 1 \qquad (3-16)$$

其中,$c \cdot j$ 表示消费者对从 l 到 q 的不同质量水平产品的需求量,σ 表示产品之间的替代弹性。

消费者面临预算约束:

$$\int_0^1 (p_{lj} c_{lj} + p_{qj} c_{qj}) dj = m(w_i) \qquad (3-17)$$

其中,$p \cdot j(q \cdot j)$ 是产品 j 的价格,$m(w_i)$ 表示消费者 i 的名义收入取决于最初的资本禀赋 ω_i。由于在生产中,所有质量水平的产品都有相同的边际成本,因此,我们可以假定 $p_{lj} \leq p_{qj}/q$,在这些情况下,如果消费一单位的产品 j,那么消费者 i 对产品 j 的需求为:

$$c_j[m(\omega_i), p_j(q_j), q_j] = q_j^{-1} \left[\frac{p_j(q_j)/q_j^{-\sigma}}{p} \right] \frac{m(\omega_i)}{p} \qquad (3-18)$$

其中，P 是 CES 形式的产品价格指数，即 $P \equiv \left[\int_0^1 p_{ij}^{1-\sigma} dj\right]^{1/1-\sigma}$。

3.2.3 信贷市场假定

在信贷市场上，对于每个个体而言，借贷利率 r 是既定的，借贷规模由借贷双方决定。但是由于信贷市场是不完全的，借贷利率有最大上限。假定在违约的情况下，借款人只会失去企业收益 $p(y_i, q_i)y_i$ 的 λ 倍，其中 λ 表示借贷合同被顺利执行的概率，取值范围在 0 与 1 之间。如果 λ 为 0，则借款人没有兑现其债务，也没有任何损失，那么此时贷款人只有较小的激励去提供高水平的信贷支持。也就是说，λ 越小，借贷合同被执行的概率越低，表明融资约束程度越高；λ 越大，借贷合同被执行的概率越高，表明融资约束程度越低。由此可见，贷款人只会在借款人有激励去还款的情况下才会去提供信贷支持，因此借贷规模不会超过 $\lambda p(y_i, q_i)y_i/r$。对于借款人而言，企业生产产品需要资本 $k_i = y_i/a + f$，进行产品创新升级需要增加投入 $f(q_i - 1) - \omega$，所以借款人总共需要的资本量为 $y_i/a + f + f(q_i - 1) - \omega$。故借贷合同成立的条件是：

$$\lambda p(y_i, q_i)y_i/r \geq y_i/a + fq_i - \omega_i \qquad (3-19)$$

3.2.4 国际贸易的影响

假定存在两个国家：本国 S 和外国 N。本国是金融市场化改革相对滞后的发展中国家，外国是信贷市场无摩擦，并且产品市场是完全竞争的发达国家。除了技术和偏好以外，两国没有任何区别，并且两国生产产品的多样性是相同的。国内市场和国外市场是分割的，企业出口需要支付可变贸易成本 τ，可变贸易成本采取冰山成本形式，出口 τ>1 个单位的产出只能有 1 个单位达到国外市场。这就意味着国外企业对特定质量的产品的价格是统一的，均等于边际成本。为简化，我们可将质量水平为 q 的产品价格标准化为 1，所以国外所有产品的价格均为 1。

那么在贸易自由化的情况下，当国外市场的产品进入到国内市场中，国内市场提供高质量产品的价格不能超过 τ，提供低质量产品的价格不能超过 τ/q。本国大多数企业由于受到融资约束而生产不足，需要进口国外产品以满足国内消费者需求。由于模型设定是平衡贸易，因此本国企业可以选择出口。现假定资本的边际产品为 a，则企业出口一单位任意产品，需要 τ/a 单位的资本，并获取一单位的收入。套利条件意味着本国的借贷利率 $r = a/\tau$。

对于没有受到融资约束的企业而言，可满足整个国内市场的需求，所以根据消费者需求可得到没有受到融资约束企业的最大化产出为 $y_{max} = q_j^{-1} (\tau/q)^{-\sigma} p^{\sigma-1} Y$，根据 Foellmi & Oechslin（2013）可知，$P^{\sigma-1} Y$ 由一般均衡唯一决定。

对于受到融资约束的企业而言，最大化产出由 $\lambda p(\bar{y}, q_j) \bar{y}/r \geq \bar{y}/a + fq_j - \omega$ 决定。企业产品的价格为 $p(\bar{y}, q_j) = \tau q_j/q$，所以受到融资约束企业的最大化产出为 $\bar{y} = a(\omega - fq_j)/(1 - \lambda \tau^2 q_j/q)$。

因此，可以得到国内部门 j 的产出为：

$$y_j = \min\{a(\omega - fq_j)/(1 - \lambda \tau^2 q_j/q), \ q_j^{-1}(q/\tau)^{\sigma} p^{\sigma-1} Y\} \qquad (3-20)$$

由于信贷市场不完全，初始禀赋 w 的增加意味着企业家有更多的资源可以去投资，同时也拥有更多抵押品以支付更高的借贷率。所以，$(1 - \lambda \tau^2/q_j)^{-1}$ 可以认为是借贷乘数。如果贸易成本 τ 降低，那么借贷乘数会下降，受到融资约束企业的规模也会下降。这里有两个原因：第一，贸易成本下降会降低国内产品价格，因此就会减少企业抵押品的利润。第二，贸易成本下降，使得企业出口变得更加有吸引力，因此借贷利率会上升，在借贷合同成立的条件下，受到融资约束的企业更加难以获得外部融资支持。这里我们通过分析可以发现，对于融资约束企业而言，随着贸易自由化的深入，贸易成本 τ 降低在一方面会通过扩大市场形成的竞争效应和降低中间投入品成本的成本效应来降低国内产品价格，另一方面通过出口市场的开放促使资本市场上资金的需求增加导致借贷利率上升，提高了借贷成本，最终导致受到融资约束企业的规模下降。

3.2.5 企业的名义收入

（1）对于没有受到融资约束的企业而言，若进行产品创新，则生产高质量产品的收入为：

$$(q/\tau)^{\sigma-1} p^{\sigma-1} Y - (a/\tau)(q^{-1}(q/\tau)^{\sigma} p^{\sigma-1} Y/a + fq - w)$$

若不进行产品创新，则生产低质量产品的收入为：

$$(q/\tau)^{\sigma-1} p^{\sigma-1} Y - (a/\tau)[(q/\tau)^{\sigma} p^{\sigma-1} Y/a + f - w]$$

（2）对于受到融资约束的企业而言，基于借贷合同成立的条件，即 $\lambda p(y_i, q_i) y_i/r \geq y_i/a + fq_i - \omega_i$，由于企业的目标是最大化其名义收入，即产品收益与利息支出之差，那么对于受到融资约束的企业而言，

$$p(y_i, q_i) y_i - r(y_i/a + fq_i - \omega_i) = (1 - \lambda) p(y_i, q_i) y_i$$

借鉴 Foellmi et al.（2015），根据企业的市场存续状态和产品创新决策，可

3 融资约束、贸易自由化与企业创新：机理分析

以将企业的名义收入分为以下三种情况：

第Ⅰ类企业的名义收入：退出市场。
$$m_1(\omega) = rw = aw/\tau$$

第Ⅱ类企业的名义收入：进入市场但不进行产品创新：
$$m_e(\omega) = (1-\lambda)\tau a(\omega - f)/(q - \lambda\tau^2)$$

第Ⅲ类企业的名义收入：进入市场并进行产品创新：
$$m_{eq}(\omega) = (1-\lambda)\tau a(\omega - fq)/(1 - \lambda\tau^2)$$

所以受到融资约束企业的名义收入为 $\max\{m_{eq}(\omega), m_e(\omega), m_1(\omega)\}$。

当 $0 < \lambda < \frac{1}{\tau^2}$ 时，企业一定面临着融资约束；当 $\frac{q}{\tau^2} < \lambda < 1$ 时，企业不受融资约束影响；当 $\frac{1}{\tau^2} < \lambda < \frac{q}{\tau^2}$ 时，企业是否受融资约束判断较为复杂。这里，我们需要假定受到融资约束企业满足两个条件：① $\tau^2 > 1 + q$；② $0 < \lambda < \frac{1}{\tau^2}$。对于条件① $\tau^2 > 1 + q$，这意味着存在一定的贸易成本下限，此时 $m'_{eq}(\omega) > m'_e(\omega) > m'_1(\omega)$。另一方面，$m_{eq}(0) < m_e(0) < m_1(0) = 0$；对于条件② $0 < \lambda < \frac{1}{\tau^2}$，这意味着贸易自由化会加剧受融资约束企业的范围。

如果满足条件①和条件②，那么退出市场、不进行产品创新以及进行产品创新升级的三类企业名义收入如图3-4所示。直观意义上来看，产品市场的不完全使得企业退出市场会更加有利可图。因为成立企业进行生产活动，需要较高的固定成本，所以只有当企业达到足够规模的情况下，企业家才会选择进行生产活动，而进行产品创新的选择更是如此。由于企业规模和初始禀赋是彼此正相关的，初始禀赋低于 ω_1 的企业家会选择退出市场，而初始禀赋高于 ω_1 低于 ω_2 的企业家会选择进行生产活动，但是不会进行产品创新升级，初始禀赋高于 ω_2 的企业家会选择进行产品创新升级。

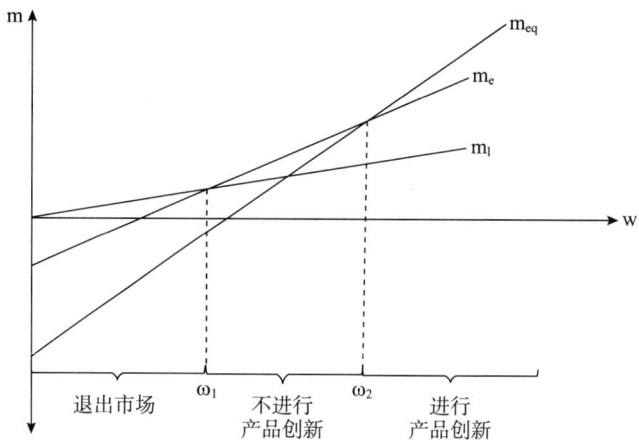

图 3-4　不同初始禀赋受到融资约束企业的选择行为

3.2.6　企业的决策

根据对没有受到融资约束企业的名义收入的分析，是否进行产品创新的临界条件为企业选择生产高质量产品的名义收入与生产低质量产品的名义收入相同，得到上述两式的差值为 $(a/\tau)[q^{-1}(q/\tau)^\sigma p^{\sigma-1}Y/a-f](q-1)$。因此，当 $\tau^{-\sigma}p^{\sigma-1}Y$ 增加时，企业进行产品创新去投资高质量产品的激励增加。

由资本市场上的均衡条件，即资本供给等于资本需求，可得：

$$K = [1 - G(w_3)][q^{-1}(q/\tau)^\sigma p^{\sigma-1}Y/a + fq] +$$

$$\int_{w_2}^{w_3}\left[\frac{w-fq}{1-\lambda\tau^2}+fq\right]dG(w) + \int_{w_1}^{w_2}\left[\frac{w-f}{1-\lambda\tau^2/q}+f\right]dG(w)$$

其中，$w_3 = fq + (1-\lambda\tau^2)q^{-1}(q/\tau)^\sigma p^{\sigma-1}Y/a$，表示整个市场的资本需求被满足。当贸易成本 τ 降低时，市场上的总资本需求下降，那么更多的企业家会选择退出市场。

对于没有受到融资约束的企业而言，随着贸易成本 τ 降低，$\tau^{-\sigma}p^{\sigma-1}Y$ 会上升，总产出 $y_{max}(q) = q^{-1}(q/\tau)^\sigma p^{\sigma-1}Y$ 增加，其进行产品创新去投资高质量产品的激励增加。因此对于非融资约束企业，贸易成本 τ 的降低会增加高质量产品的产出，这是因为随着贸易自由化的深入，市场竞争愈加激烈导致产品价格降低，但是由于企业生产不受融资限制，企业的生产规模直接由国内市场和国外市场的需求决定，贸易自由化带来的出口增加，就会让非融资约束的企业可以更好地利用扩大的出口市场去增加生产规模,因此尽管产品价格下降,但是生产规模的扩大效应使得非融资约束企业有着较大的产品创新激励。

根据对受到融资约束的企业的名义收入的分析,企业是否进行产品创新的临界条件是不进行产品创新和进行产品创新时名义收入相同,即 $m_e(\omega) = m_{eq}(\omega)$,$(1-\lambda)\tau a(\omega - f)/(q - \lambda\tau^2) = (1-\lambda)\tau a(\omega - fq)/(1 - \lambda\tau^2)$ 进而得到是否进行产品创新的临界值 $\omega_2 = f(1 + q - \lambda\tau^2)$。

根据在产品创新升级上的投入临界值为 $\omega_2 = f(1 + q - \lambda\tau^2)$,可以看到在临界值 ω_2 上,企业是否进行产品升级没有任何区别,即 ω_2 为进行产品创新升级的最低投资。由此可见,随着贸易成本 τ 的下降,ω_2 增加,其经济学含义为:随着贸易自由化的深入,贸易成本 τ 的降低会导致受到融资约束企业在产品创新升级上需要的投资 ω_2 增加,因此它进行产品创新升级的可能性就越小。

基于以上分析,我们对效应函数的假定可以很容易地被放松,但对固定成本或者技术的回报率递增的假定就非常关键。这里,我们可以看到,企业创新不仅取决于贸易自由化程度,也与企业面临的融资约束程度有密切关系。融资约束会导致企业行为存在逆向选择,根据模型设定,我们知道,随着贸易自由化的深入,贸易成本 τ 降低在一方面会通过扩大市场形成的竞争效应和降低中间投入品成本的成本效应来降低国内产品价格,另一方面通过出口市场的开放促使资本市场上资金的需求增加导致借贷利率上升,提高了借贷成本。那么,对于受到融资约束的企业而言,由于在产品价格降低带来的收益空间压缩的同时,借贷成本的提高使得企业更加难以获得外部融资支持,因此企业的生产规模会受到抑制。产品价格和生产规模的同时下降会导致受到融资约束的企业缺乏激励去创新。但是对于没有受到融资约束的企业,即融资能力较强的企业而言,由于企业生产不受融资限制,企业的生产规模直接由国内市场和国外市场的需求决定,所以尽管贸易自由化使得国内产品价格下降,但是非融资约束企业可以利用扩大的出口市场来增加生产规模,因此总产出增加,也就更能激发产品创新。因此本书提出假说:面临融资约束程度较高的企业,越难以抓住贸易自由化带来的契机以进行产品创新,即融资约束会抑制贸易自由化对企业创新的促进效应。

3.3 本章小结

本章主要是从机理分析的角度详尽阐述融资约束、贸易自由化与企业创新三者之间的关系,包括分视点的机理分析和综合视点的分析。首先从外源融资角度阐述企业与外部投资者之间的信息不对称和创新的高调整成本特性,以此说明企业的创新活动普遍受到外部融资约束的限制。并结合企业的内源融资的重要性,预期企业的内源融资能力能够缓解外部融资约束对企业创新的负面影响。

首先,基于二元技术选择的异质性企业贸易模型的经典建模思路来说明贸易自由化影响企业创新的作用机制,即贸易自由化通过降低贸易成本来扩大出口市场,增加企业的销售收入和总体收益,进而弥补了企业研发的投资成本,因此提高了企业创新研发的回报率,促进企业增加研发投资,进行产品创新。其次,基于 Formai(2013)模型,以不完全债权人保护的形式将信贷摩擦纳入到异质性企业贸易模型中,分析信贷摩擦和贸易自由化之间的相互作用机制,说明不完全的资本市场可能会制约贸易自由化带来的贸易所得。最后,根据上述分视点研究的启示,在异质性企业贸易理论的分析框架下,构建了企业在面临不同程度融资约束下贸易自由化与创新决策的理论模型,说明随着全球化的深入,不同企业融资约束程度的异质性在不断扩大,融资约束程度较高的企业由于更加难以获得外部融资支持,进行技术创新的激励大大减小,因此提出本书的关键理论假说:融资约束会抑制贸易自由化会企业创新的促进效应。

4 融资约束与企业创新：基于动态层面的实证研究

在对前述理论模型所推导出来的关键研究假说进行实证检验之前，本章我们首先基于融资约束与企业创新主题，从动态层面研究外部融资约束对企业创新的影响，并进行丰富的实证拓展，以期为下一章的研究提供一些先验证据。

为了应对经济出现过热现象，我国政府在2003年末和2004年初采取了一系列的银行信贷紧缩的货币政策，相继两次提高存款准备金率。在此轮宏观调控中，企业从银行贷款变得更为困难，大约有63.5%的企业受到信贷紧缩货币政策的不利冲击，其他企业则未受到政策的不利冲击，这就为我们提供了一个天然的自然实验，未受到信贷紧缩冲击的企业视为"控制组"，受到信贷紧缩冲击的企业视为"实验组"，利用倍差估计法来进行回归分析，检验外生的信贷紧缩冲击对企业研发创新动态的影响，并且此时需要考虑的因素较少，能够在一定程度上控制内生性问题，从而能够准确识别出外部融资约束与企业创新的因果关系。

因此本章将基于银行信贷紧缩冲击自然实验，考察外部融资约束对企业研发创新活动的影响。更重要的是，2005年世界银行投资环境调查数据提供了中国企业在2002~2004年的研发动态变化，这就使得本章的研究得以拓展到外部融资约束对企业研发进入和研发退出的动态影响，进而能够深入分析外部融资约束对企业创新行为持续性的重要影响。考虑到市场上有内源和外源两种不同的融资渠道，第四章也提到内源融资能力能够缓解外部融资约束对企业创新的负面影响，因此我们在基准回归的基础上分析企业的内源融资能力对银行信贷紧缩冲击与企业研发创新两者关系是否存在调节效应，以期管中窥豹，发掘企业内源融资和外部融资对企业研发创新的交互影响。这为下一章研究区分内源融资和外源融资提供了经验证据。在进一步地扩展性分析中，我们还重点研究银行信贷紧缩冲击对出口企业和非出口企业研发动态的异质性影响,试图捕捉融资约束背景下出口和研发的互动关系。这也为下一章在异质性企业分析框架下,关注贸易自由化与融资约束对企业创新的综合影响提供了先验研究。

4.1 变量选取、数据说明与计量模型设定

4.1.1 计量模型设定

我们利用 2003 年银行信贷紧缩政策作为自然试验,考察企业受银行信贷紧缩冲击对企业研发动态的影响,具体计量模型设定如下:

$$RDchange_i = \alpha + \delta_1 Shock_i + X_i\beta + \lambda_{city} + \lambda_{industry} + \varepsilon_i \quad (4-1)$$

其中,被解释变量 $RDchange_i$ 代表企业 i 在 2002~2004 年研发投入活动的动态变化,分别用企业研发进入 $RDentry_i$、企业研发退出 $RDexit_i$ 和企业研发投入(取对数)的增长 $RDgrow_i$ 三个变量衡量企业研发投入活动的变化。$Shock_i$ 为核心解释变量,是指 2003 年我国银行信贷紧缩政策给企业带来的从银行获取贷款难易度的变化,回归系数 δ_1 实质上为倍差法估计量,衡量信贷紧缩冲击对企业创新活动的影响。X_i 代表企业规模(Size)、企业年龄(Age)、成长性(Salegrow)、平均教育水平(Edu)、全要素生产率(TFP)、高管激励机制(GM)、企业是否出口(Export)、市场竞争程度(Compet)、产能利用率(CU)等企业特征的控制变量。λ_{city}、$\lambda_{industry}$ 为企业所在地区、行业的固定效应,以控制企业在地区、行业方面未被观察到的特征的影响。

考虑到企业研发进入 $RDentry_i$ 和企业研发退出 $RDexit_i$ 是取值为 0 或 1 的二元虚拟变量,而企业研发投入(取对数)的增长 $RDgrow_i$ 是连续变量,因此本书使用经典 Probit 模型来考察信贷紧缩冲击对企业研发进入和退出的影响,并采用 OLS 模型考察信贷紧缩冲击对企业研发投入增长率的影响。于是,式(4-1)具体可以表述为式(4-2)~式(4-4):

$$Probit(RDentry_i = 1) = \Phi(\alpha + \delta_1 Shock_i + X_i\beta + \lambda_{city} + \lambda_{industry} + \varepsilon_i) \quad (4-2)$$

$$Probit(RDexit_i) = \Phi(\alpha + \delta_1 Shock_i + X_i\beta + \lambda_{city} + \lambda_{industry} + \varepsilon_i) \quad (4-3)$$

$$RDgrow_i = \alpha + \delta_1 Shock_i + X_i\beta + \lambda_{city} + \lambda_{industry} + \varepsilon_i \quad (4-4)$$

4 融资约束与企业创新：基于动态层面的实证研究

下面将运用上述三个回归方程进行基准回归分析，以识别银行信贷紧缩冲击对企业研发动态的影响。

4.1.2 变量选取

本节对回归中的被解释变量、核心解释变量和控制变量的选取和测度方式进行说明，具体如下：

（1）被解释变量。企业研发活动的变化（RDchange）是计量模型中的被解释变量，本书用企业研发进入 $RDentry_i$、企业研发退出 $RDexit_i$ 和企业研发投入（取对数）的增长 $RDgrow_i$ 三个变量来全面衡量企业研发投入活动的变化。其中，对于2002年未开展研发活动的企业而言，如果企业在2004年未开展研发活动，RDentry取值为0；如果企业在2004年开展了研发活动，RDentry取值为1。对于2002年开展研发活动的企业而言，如果企业在2004年未开展研发活动，RDexit取值为1；如果企业在2004年开展了研发活动，RDexit取值为0。企业研发投入（取对数）的增长（RDgrow），用企业2004年的研发投入相对于2002年的研发投入（对数）的增长来衡量，具体计算公式为 $\ln(RD_{2004}+1) - \ln(RD_{2002}+1)$。

（2）核心解释变量。$Shock_i$ 是本章的核心解释变量，是指2003年我国银行信贷紧缩政策给企业带来的从银行获取贷款难易度的变化，主要是反映信贷紧缩政策导致企业所受的信贷紧缩冲击。在调查问卷中有关于企业受到信贷紧缩冲击影响的问题，"2003年底中国政府实施宏观调控之后，贵公司从银行或其他金融机构获得贷款是更难还是更容易？"该问题设置了五个选项，包括更容易、没有变化、有些困难、相当困难和无法得到贷款。我们的核心解释变量就基于这个问题的五个选项，构造取值为0～4的 $Shock_i$ 变量，$Shock_i$ 取值越大，表示企业在2003年年底中国政府实施宏观调控之后从银行或其他金融机构获得贷款越难，即说明企业受到信贷紧缩冲击越严重。

在关注代表外部融资的银行信贷紧缩冲击的同时，我们还将目光集中到企业的内源融资。借鉴孙灵燕和李荣林（2011）的做法，选取企业现金流来表示企业的内源融资，以考察内源融资对企业创新的重要作用。在变量度量上，现金流等于产品销售收入减去中间投入，再扣除税收额。需要注意的是，本节计算出企业现金流后将其划分为0～4五个层次来作为代表内源融资能力的Cash指标，Cash取值越大，表明企业内源融资能力越弱。

（3）控制变量。企业规模（Size），通常而言，规模越大的企业其资源优势和规模效应越明显，因此就越有可能获得研发创新所具备的各类条件。熊彼特认为相对于小企业而言，大企业由于规模经济和垄断优势产生持续利润，足以负担研发项目高昂的费用，因此能够进行更大范围的研发创新。现有研究也认为企业规模是影响创新的重要因素之一（Jefferson et al.，2006）。因此借鉴郭华等（2016）的做法，本书采用2002~2004年企业员工人数的平均值并取其对数来衡量企业规模。

企业年龄（Age），一般认为企业经营时间的延长通常会伴随着企业资源的积累，因此年龄较大的企业因其在市场、技术和经验等方面的积累而有更好的资源优势，有很大的研发创新潜力。本书采用2004年减去公司注册年份并取对数来衡量企业年龄。

成长性（Salegrow），采用企业销售收入增长率来衡量，该指标能够反映企业的成长动力和发展空间。一般来看，销售收入增长越快，说明企业的成长动力越足，发展空间更大，也更有能力进行高风险的研发创新活动。

平均教育水平（Edu），员工的平均教育水平体现了企业的人力资本质量，而人力资本是构成企业研发创新的核心要素。通常企业提高具有高等教育学历的员工比例，有助于企业开展研发创新活动。本书采用2002~2004年大专以上学历员工数占企业员工比重的平均值来衡量平均教育水平。

全要素生产率（TFP），Solow（1957）认为全要素生产率为企业产出扣除劳动和资本的贡献之后的"残差"。根据世界银行组织的建议，这里采取常用的OLS方法来估算全要素生产率，首先建立C-D生产函数：$Y_{it} = A_{it} K_{it}^{\alpha_k} L_{it}^{\alpha_l}$，其中下标$i$、$t$分别为企业、年份，$A_{it}$为驱动经济增长的除资本和劳动要素以外的全要素生产率，Y_{it}为企业产出，用工业增加值表示；K_{it}为资本存量，用固定资产年平均余额表示，并均采用Brandt et al.（2012）中以1998年为基期的平减指数进行平减。L_{it}为劳动力投入，用各企业从业人员年平均人数表示。通过对C-D生产函数进行对数变换，可得到$y_{it} = \alpha_k k_{it} + \alpha_l l_{it} + \varepsilon_{it}$，此时我们使用OLS回归即可得到残差，即企业层面的全要素生产率。

高管激励机制（GM），由于企业在所有权和经营权分离的情况下会产生委托—代理问题，作为代理人的企业管理层并没有企业所有权，经营企业利润大部分归股东所有而自己只能获取部分收益，同时承担全部的经营风险。因此，管理层相较于股东而言更为厌恶风险，不愿意去做不确定性和高风险的创新投资项目。为此Jensen & Meckling（1976）等提出为管理层提供足够的薪酬激励来解决股东和管理层之间的代理冲突。Coles et al.（2006）也认为对管理层提供薪酬激励可以抑制企业的委托—代理问题和管理层的风险规避性。鉴于此，本书按照Lin et al.（2009）的方法设置是否存在高管激励机制的虚拟变量，即当高管的收入与企业业绩挂钩时，则存在高管激励机制，该变量取值为1，否则为0。

企业是否出口（Export），出口被学者广泛认为是影响企业研发创新的重要因素，因为一方面可以促使企业为达到发达国家对产品的高质量高标准（如安全壁垒、绿色环保等）要求而加大研发创新力度，另一方面也能给企业带来很多外部学习的机会，从而激发企业的研发创新动力。因此本书加入是否是出口企业的虚拟变量，若企业产品在海外销售，则取值为1，否则为0。

市场竞争程度（Compet），从产品创新的动力来看，市场竞争越激烈，企业为占据更多的市场份额，就需要加大研发创新，以生产差异化程度更高的产品。因此本书加入市场竞争程度变量，采用样本调查中企业就非正式部门竞争者行为对自身营运影响的评价，根据影响程度高低，依序赋值为0~4。该值越大，说明企业面临的市场竞争越激烈。

产能利用率（CU），产能利用率从工程意义上来讲，是指企业机器设备的实际使用效率，反映了企业的组织效率和创新的执行力，产能利用率越高的企业越有激励进行研发创新（Becheik et al.，2006）。提高产能利用率还能够改善企业的利润、现金流等财务绩效，从而为企业的研发投入提供资金支持。但Gorodnichenko & Schnitzer（2013）认为产能利用率对研发投资的影响是不确定的，过高的产能利用率可能会使生产经营活动挤占企业研发资源，不利于企业研发投入。因此本书加入产能利用率变量，问卷调查中直接报告了企业在2002~2004年的产能利用率，取3年平均值来衡量。

我们对本章涉及的变量进行了描述性统计和变量定义说明，如表4-1所示。

表4-1 变量定义与描述性统计

变量	定义	样本数	均值	标准误	最小值	最大值
RDentry	企业研发进入	5911	0.1155	0.3197	0	1
RDexit	企业研发退出	6490	0.016795	0.128513	0	1
RDgrow	研发投入增长率	6489	0.4357	1.2024	-12.3417	7.1610
Shock	信贷紧缩冲击	11881	2.0645	1.1793	0	4
Cash	内源融资能力	12400	2.1034	1.1813	0	4

续表

变量	定义	样本数	均值	标准误	最小值	最大值
Size	企业规模	12400	5.5658	1.4831	1.6740	12.5955
Age	企业年龄	12400	2.1308	0.8861	0.6931	7.6019
Salegrow	成长性	12400	0.5805	1.0376	-5.4317	15.2061
Edu	平均教育水平	12400	17.2355	17.0841	0	1
TFP	全要素生产率	12313	4.0718	1.0446	-1.0288	10.6948
GM	高管激励机制	12243	0.6680	0.4710	0	1
Export	企业是否出口	12400	0.4140	0.4926	0	1
Compet	市场竞争程度	12400	1.1277	1.1059	0	4
CU	产能利用率	12400	77.2181	21.1146	0	160.3

4.1.3 数据来源说明

本书数据取自世界银行投资环境调查（2005），世界银行对中国营商环境调查的微观数据库是到目前为止能够公开获取的高质量数据库，该数据库在调查过程中经过科学的抽样调查设计，且有严格的数据质量控制和审查机制，具有很高的权威性和客观性。世界银行一共对中国制造业企业展开了3次调查，其中2005年的调研数据涵盖的样本量最大，共包含12400家企业2002~2004年的数据，调查范围涉及了我国120个城市，被调查企业分布在除西藏和港澳台之外的30个省（市、区）。同时2005年世界银行关于中国制造业企业的营商环境调查中提供了2003~2004年政府宏观调控中实施的银行信贷紧缩政策的自然实验相关数据，为我们研究融资约束与企业研发创新之间的关系提供了契机。所以本章采用世界银行2005年这一调查数据来考察融资约束对企业研发动态的影响。调查的企业信息包含企业特征信息、投资情况、企业财务指标以及公司治理信息等变量，同时也提供了企业的融资约束和研发投入情况，为我们的研究提供了丰富的数据。

图4-1展示了未受到银行信贷紧缩冲击的企业（控制组）和受到银行信贷紧缩冲击的企业（实验组）的研发进入、研发退出以及研发投入增长率的情况。从图中可以看出，受到银行信贷紧缩冲击的企业参与研发活动的积极性显著下降。从研发进入来看，有11.26%受信贷紧缩冲击的企业在2004年开展了研发活

动,比控制组企业进入研发的比例低 7.1%;从研发退出来看,受到信贷紧缩冲击的研发企业中在 2004 年退出研发活动的企业比例高达 2.01%,高出控制组企业的 86.11%;从研发增长率来看,2002~2004 年,受到信贷紧缩冲击企业的研发支出增长率为 39.47%,低于控制组企业 50.99% 的增长水平。总而言之,图 4-1 清晰地描绘了我们的主要推断:外部融资约束会抑制企业的研发创新活动,尤其对研发创新行为的持续性造成重大影响。当然,直接的描述统计并不能得到严谨的结论,接下来的实证分析就是进一步验证该结论,并进行扩展分析。

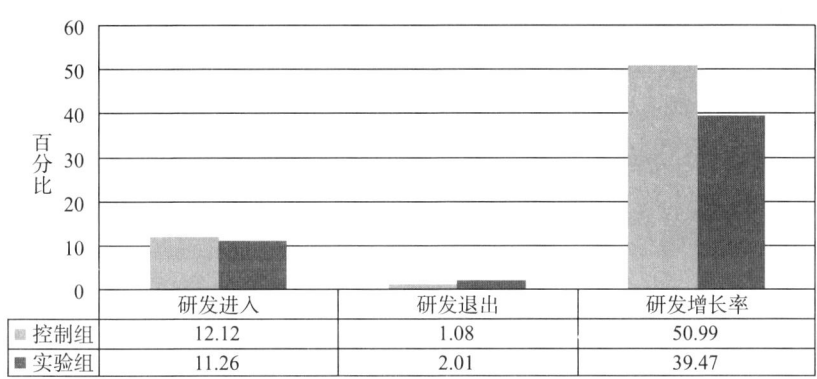

图 4-1 信贷紧缩冲击对企业研发动态的影响

4.2 实证结果与分析

4.2.1 基准回归结果分析

表 4-2 报告了银行信贷紧缩冲击对企业研发动态影响的倍差法估计结果,Ⅰ列和Ⅱ列分别为企业研发进入、企业研发退出的 Probit 回归结果,Ⅲ列为企业所受信贷紧缩冲击对企业研发投入增长率影响的 OLS 回归结果。从企业的研发进入来看,信贷紧缩冲击的回归系数为 -0.0309,并且在 5% 的显著性水平下显著,这说明银行信贷紧缩会降低企业从不研发进入到研发的概率;从企业的研发退出

来看,信贷紧缩冲击的回归系数为 0.0733,这说明银行信贷紧缩会提高企业退出研发的概率。由于研发创新活动具有长期性和周期性的特征,并且具有较高的调整成本,若企业一旦选择投入研发创新活动,若中途退出研发可能会损失重大,因此一般情况下企业是不会轻易选择退出研发的。而本书的回归结果则显示,受到银行信贷紧缩政策冲击更大的企业,会选择退出研发活动,中断研发投资,这从另一个角度也说明了稳定持续的外部融资来源对企业研发创新有着至关重要的作用。从企业研发投入增长率来看,信贷紧缩冲击的系数在 1% 的显著性水平下显著小于 0,说明银行信贷紧缩冲击会显著降低研发企业研发投入的增长率。同时观察到信贷紧缩冲击的回归系数为 -0.0507,说明企业受到较小信贷紧缩冲击时,研发投入增长率会下降 5.07%,受到较大的信贷紧缩冲击时,研发投入增长率会下降 10.14%,这在直观上也得出受到银行信贷紧缩政策冲击越大的企业,研发投入增长越慢的结论。至此,我们利用 2003~2004 年我国宏观调控中银行信贷紧缩冲击这一自然实验发现,受到银行信贷紧缩冲击越大的企业,其选择研发进入的可能性和研发投入增长率均越低,而且中断研发投资并退出研发活动的概率越高,由此可见,外部融资约束对企业研发创新有着非常大的不利影响,同时也充分说明缺乏稳定持续的外部融资渠道是中国企业自主创新能力不足的一个重要原因。与普通投资相比,企业研发创新由于其风险高、周期长、调整成本高等因素而更加依赖长期、稳定和持续的外部融资支持。因此外部融资约束会抑制企业的创新活动,尤其对企业研发创新行为的持续性有显著的制约作用。

表 4-2 银行信贷紧缩冲击对企业研发动态的影响

	Ⅰ 研发进入(RDentry)		Ⅱ 研发退出(RDexit)		Ⅲ 研发投入增长率(RDgrow)	
	系数	标准误	系数	标准误	系数	标准误
Shock	-0.0309**	0.0134	0.0733**	0.0363	-0.0507***	0.0140
Size	0.1287***	0.0193	-0.0583*	0.0333	0.0036	0.0115
Age	-0.1040***	0.0289	0.0927*	0.0480	-0.0653***	0.0177
Salegrow	0.1523***	0.0254	-0.2580***	0.0705	0.3799***	0.0288
Edu	0.0042***	0.0009	-0.0011	0.0025	0.0002	0.0008
TFP	0.0177***	0.0218	-0.0378	0.0449	0.0123	0.0183
GM	0.1758	0.0477	-0.1121	0.0880	0.0380	0.0341

续表

	I 研发进入（RDentry）		II 研发退出（RDexit）		III 研发投入增长率（RDgrow）	
	系数	标准误	系数	标准误	系数	标准误
Export	0.1008*	0.0525	-0.2514***	0.0922	0.1124***	0.0345
Compet	0.0166	0.0211	-0.0073	0.0366	-0.0052	0.0142
CU	-0.0023	0.0011	-0.0020	0.0021	0.0009	0.0009
常数项	-1.8187***	0.1632	-1.5318***	0.2993	0.3059***	0.1184
Pseudo R^2	0.0865		0.0644		0.0609	
样本数	5411		5833		6253	

注：***、**和*表示1%、5%和10%显著水平下显著；我们还控制了城市层面和行业层面的固定效应。

在其他控制变量中，控制了城市特征和行业特征以后，高管竞争机制、市场竞争程度和产能利用率的系数均不显著。I列中企业规模的系数在5%的水平下显著为正，这说明规模越大的企业，进入研发的可能性越高。熊彼特认为，只有大企业才能承担和分散研发创新活动不确定性所带来的风险，企业规模对企业的研发活动有着显著的促进作用。II列中企业规模的系数在10%的水平上显著为负，说明规模越大的企业，退出研发的可能性越低。这也从反面证实企业规模与研发创新之间的正相关关系。虽然III列中企业规模对研发投入增长率的正向影响并不显著，但考虑到通常规模大的企业研发经费较多且增长相对稳定，因此是不存在矛盾的。企业年龄与研发创新之间是负相关关系，这与预期相悖，可能是因为企业年龄与研发创新之间存在潜在的U形关系，有待进一步考证。以销售收入增长率代表的成长性指标对企业研发活动有非常显著的正向影响，显著提高企业研发进入概率和研发投入增长率以及降低企业退出概率，这说明企业处于成长期时，会通过大量研发创新活动来进一步提高企业的市场竞争力，从而促进企业的持续发展。同时销售收入增长代表着企业现金流增加，内源融资约束降低，因此减少了企业研发创新活动对外部融资的依赖，这也为后面的基于内源融资能力的调节效应分析提供了直观上的经验支持。I列中员工的平均教育水平和全要素生产率的系数在1%的水平下显著为正，这说明人力资本和生产率对企业研发创新具有重要影响。企业出口对研发活动有着显著的正向影响，提高了企业研发进入概率和研发投入增长率并降低企业退出概率，这说明出口因素与企业的研发创新之间关系密切，下文也将对这一因素进行扩展性分析。

4.2.2 基于内源融资能力的调节效应分析

上述基准回归分析通过2003~2004年宏观调控中的银行信贷紧缩政策对企业融资造成的外生冲击，证实了外部融资约束对企业研发创新的抑制作用。但是单独考察单一融资方式对企业研发创新的影响可能会有一叶障目的问题，各种融资渠道之间应该会相互影响。那么内源融资和外源融资之于企业研发创新的作用是怎样的呢？前文提到内源融资能力能够缓解外部融资约束对企业创新的负面影响，因此我们预期企业的内源融资能力对银行信贷紧缩冲击与企业研发创新两者关系存在调节效应。本节将重点针对这个命题展开实证分析。

这里我们采用企业现金流来衡量企业的内源融资能力，需要注意的是，本节计算出企业现金流后将其划分为0~4五个层次来作为代表内源融资能力的Cash指标，Cash取值越大，表明企业内源融资能力越弱[①]。为观察企业内源融资能力的调节效应，我们在回归方程式（4-2）~方程式（4-4）中加入企业内源融资能力Cash和信贷紧缩冲击Shock的交互项。计量回归结果如表4-3所示。

根据表4-3，控制变量的系数有些变化，但囿于篇幅就不具体展开。我们发现信贷紧缩冲击对研发创新活动具有显著的抑制作用，会显著降低企业进入研发市场的概率、提高企业退出研发市场的概率以及降低企业研发投入的增长率，这与基准回归结果保持一致。不过我们这里关注的核心是企业内源融资能力和信贷紧缩冲击交互项的系数，以便考察内源融资能力能否为企业提供研发活动融资支持，避免外部融资冲击对企业创新的不利影响。在研发进入决策模型和研发投入增长率模型中，企业内源融资能力和信贷紧缩冲击交互项的系数均小于0，并且前者在1%的显著性水平下显著，后者在10%的显著性水平下显著，这意味着企业内源融资能力越弱，银行信贷紧缩冲击对企业创新的不利影响越严重。这是因为在我国企业存在较为严重的外部融资约束的背景下，基于信息不对称和委托代理问题理论，现金流更少的企业更难从银行等正规金融机构获得贷款，因此进一步加剧了银行紧缩冲击对企业研发创新活动的制约作用。而研发退出决策模型中，两者的交互项系数大于0，这说明内源融资能力越弱，银行信贷紧缩冲击对研发退出概率的影响越大。从相反的角度，我们也可以理解为强化企业的内源融资能力可以缓解银行信贷紧缩冲击对研发退出概率的负面作用。不过研发退出决策

---

 ① 这种取值方式是为了交互项和信贷紧缩冲击的回归系数保持一致，以便于直观理解系数的含义。

模型中两者交互项的系数并不显著,这间接说明处于是否退出研发决策的企业对外部融资渠道的依赖性较高。这其中不难理解,因为研发创新活动具有长期性和周期性的特征,并且具有较高的调整成本,而企业内源融资规模有限,并且企业利润易受市场环境影响存在很大的波动性,因此企业处于是否退出研发决策的时候,更多的是依赖于外部融资渠道。

基于上述分析,我们发现企业内源融资能力对银行信贷紧缩冲击与企业研发创新两者关系存在显著的调节效应,即企业内源融资能力越弱,银行信贷紧缩冲击对企业创新的抑制作用越大;而若企业内源融资能力越强,银行信贷紧缩冲击对企业创新的抑制作用越小。这充分说明提高企业内源融资能力能够缓解外部融资约束对企业创新的负面影响。李汇东等(2013)利用2006~2010年中国上市公司数据样本也证实企业的研发创新活动既可以来自于内源融资支持,也可以来源于外源融资支持。因此为了提高企业自主创新能力,建设创新型国家,政府除了进一步完善金融体制,加强对企业研发创新的外部融资支持的同时,还需要减少企业所承担的相关税额,增加其内源融资能力,从而有助于企业将更多的资金投入到研发创新活动中。

表4-3 企业内源融资能力的调节效应估计结果

	Ⅰ研发进入(RDentry)		Ⅱ研发退出(RDexit)		Ⅲ研发投入增长率(RDgrow)	
	系数	标准误	系数	标准误	系数	标准误
Shock	-0.0535***	1.5539	0.0966**	2.8066	-0.0344*	0.0195
Shock*Cash	-0.0117***	0.0051	0.0034	0.0102	-0.0011*	0.0006
Size	0.1044***	0.0280	-0.0186	0.0505	-0.0103	0.0162
Age	-0.1095***	0.0374	0.0343	0.0634	-0.0388*	0.0199
Salegrow	0.2405***	0.0380	-0.4758***	0.0999	0.4295***	0.0304
Edu	0.0033***	0.0009	-0.0052	0.0035	0.0010	0.0010
TFP	-0.0064	0.0321	0.0733	0.0674	-0.0224	0.0220
GM	0.1601	0.0584	-0.1261	0.1133	0.0109	0.0379
Export	0.0387	0.0653	-0.3635***	0.1206	0.1213***	0.0362
Compet	0.0023	0.0260	0.0140	0.0467	-0.0155	0.0150
CU	-0.0019	0.0014	-0.0041	0.0028	0.0013	0.0009
常数项	-1.7117***	0.2534	-1.4239***	0.4859	0.1962	0.1640
Pseudo R^2	0.0908		0.1095		0.0594	
样本数	4586		4793		4792	

注:***、**和*表示1%、5%和10%显著水平下显著;我们还控制了城市层面和行业层面的固定效应。

4.3 扩展性分析：企业是否出口的异质性

在中国，融资约束是一个普遍性问题，而对于一个企业的发展而言，研发和出口无疑是两项最重要的活动，如果面临融资约束，那么这两项活动都可能受到不利影响。学者大都一致认为，研发和出口是具有互补性的企业活动，这是因为出口带来的市场扩大可以增加研发的预期收益，而研发活动对生产率的提高也能促使企业"自选择"成为出口企业。因此在融资约束的情形下，出口和研发可能不能同时进行，那么企业就会面临取舍。Gorodnichenko & Schnitzer（2013）利用2002~2005年27个转型国家的商业环境和企业绩效数据进行实证研究，发现融资约束削弱了企业出口和研发之间的互补性。这就为本书研究融资约束和研发活动打开了视野，进而站在我国是世界第一大贸易国的背景下，来思索融资约束对出口企业和非出口企业的研发活动是否存在异质性。

对于已经深度融入全球价值链分工体系的中国经济而言，出口贸易在我国经济增长中扮演着举足轻重的角色，那么在我国进一步提高对外开放水平、加快构建开放型经济体制的新形势下，从企业是否出口的异质性出发，将企业分为出口企业和非出口企业，进而探讨融资约束对研发动态影响的不同就显得尤为重要。表4-4分别报告了银行信贷紧缩冲击对出口企业和非出口企业研发动态的回归结果，其中，研发进入和研发退出依然采用Probit模型估计，并且研发支出增长率仍然采用OLS模型估计。

根据表4-4，控制变量的系数有些变化，但囿于篇幅就不具体展开。从研发进入来看，出口企业的研发创新活动受到银行信贷紧缩冲击的不利影响较小，而非出口企业受银行信贷紧缩冲击的不利影响较大。这说明在面临外部融资约束的情况下，出口企业和非出口企业选择开展研发活动的可能性都会降低，这和基准回归结果保持一致。但是，出口企业选择开展研发活动的可能性要高于非出口企业，可能的解释是，大量出口企业为了向发达国家出口产品，就不得不满足发达国家对产品质量、环保标准和安全壁垒等各方面的严苛要求，提高生产技术。因此即使面临着融资约束困境，企业依然会选择开展研发活动以达到海外市场的技术要求，或者进一步提高自身产品的竞争力。从研发退出和研发投入增长率来看,出口企业的研发创新活动受到银行信贷紧缩冲击的不利影响较大,而非出口企业受银行信贷紧缩冲击的不利影响较小。这说明在面临外部融资约束的情况下,出口企业和非出口企业选择退出研发活动和减少研发投入的可能性都会提高,这也与基准回归结果保持一致,但是出口企业选择退出研发活动和减少研发投入的可能性要高于非出口企业。对于已经开展研发活动的企业而言,长时期的研发行为使企业达到了海外市场对企业提出的生产技术要求,但是企业的研发活动和出口活动同时进行会增加企业的内源融资约束(罗长远、季心宇,2015),当企业面临银行信贷紧缩冲击时,企业会为了短期确定性利益而放弃长期不确定性利益,即企业会选择减少研发投入甚至中断研发投资,从而为继续出口提供融资支持。Aw et al.(2011)发现由于从事研发活动的固定成本和沉没成本远高于出口,结果大量企业选择出口而放弃研发。这一研究也为我们的发现提供了佐证,由于研发创新的高风险和不确定性等特征,其产生的固定成本和沉没成本更高,那么在融资约束的情形下,就有可能出现出口"挤出"研发的情况。

表4-4 企业是否出口的异质性估计结果

	Ⅰ研发进入(RDentry)		Ⅱ研发退出(RDexit)		Ⅲ研发投入增长率(RDgrow)	
	出口	非出口	出口	非出口	出口	非出口
Shock	-0.0104	-0.0456*	0.1010*	0.0629*	-0.0257**	-0.0239**
	(-0.58)	(-1.91)	(1.87)	(1.72)	(-2.15)	(-2.68)
Size	0.167***	0.121***	-0.169**	-0.0011	0.0759***	0.0462***
	(4.87)	(4.67)	(-2.66)	(-0.03)	(4.03)	(3.25)
Age	-0.155***	-0.114***	0.0760	0.1010	-0.118***	-0.0924***
	(-2.73)	(-3.16)	(0.78)	(1.68)	(-3.81)	(-4.55)
Salegrow	0.156***	0.154***	-0.234*	-0.293**	0.394***	0.219***
	(3.67)	(4.47)	(-1.97)	(-3.10)	(11.83)	(9.50)
Edu	0.0057**	0.0025**	-0.0022	-0.0012	0.0016	0.00197*
	(2.35)	(2.49)	(-0.52)	(-0.33)	(1.13)	(2.20)
TFP	0.0750*	0.0054	-0.0152	-0.0700	0.102***	0.0009
	(1.81)	(0.17)	(-0.18)	(-1.13)	(3.79)	(0.05)
GM	0.194**	0.185***	-0.1031	-0.1147	0.02	0.0799**
	(2.31)	(3.01)	(-0.67)	(-0.96)	(0.44)	(2.22)

续表

	Ⅰ研发进入（RDentry）		Ⅱ研发退出（RDexit）		Ⅲ研发投入增长率（RDgrow）	
	出口	非出口	出口	非出口	出口	非出口
Compet	0.0447 (1.15)	-0.0124 (-0.46)	0.0231 (0.34)	-0.0126 (-0.27)	-0.0110 (-0.48)	-0.0124 (-0.82)
CU	-0.0031 (-1.55)	-0.0015 (-1.14)	-0.0015 (-0.38)	-0.0018 (-0.65)	-0.0007 (-0.56)	-0.0003 (-0.36)
常数项	-2.486*** (-6.94)	-1.958*** (-8.21)	-1.1080* (-1.78)	-1.902*** (-4.24)	-0.3610* (-1.71)	0.1410 (1.06)
Pseudo R^2	0.0919	0.0829	0.0692	0.0579	0.0519	0.0388
样本数	1662	3760	2524	2805	4881	6793

注：括号内数值为 Z(t) 统计量，***、**和*表示1％、5％和10％显著水平下显著。

基于上述分析，我们发现银行信贷紧缩冲击对出口企业和非出口企业研发动态的影响存在异质性。在面临外部融资约束的情况下，相对于非出口企业而言，尽管出口企业选择开展研发活动的可能性较高，但是其选择退出研发活动和减少研发投入的可能性也较高，这无疑损害了企业在国际市场上的长期利益，不利于我国出口贸易的长远发展。由于面临外部融资约束，出口企业"顾此失彼"，导致研发投入不足，自主创新能力持续薄弱，从而使得我国的出口企业"锁定"在低端产品的生产模式上。改革开放以来，出口被认为是推动中国经济增长的重要动力，但是2008年全球金融危机对我国出口贸易的巨大冲击却引发了对中国出口竞争力的深深担忧。尽管我国金融体系改革已经取得了明显进步，但是现行金融体制下信贷资源配置效率依然不高，出口企业在面临外部融资约束冲击的情况下，不得不减少研发投入甚至中断研发投资，以维持出口，这显然不利于提高出口竞争力和贸易结构升级。为此，改善企业的融资环境迫在眉睫，尤其是出口企业，这对于目前中国这一贸易大国的重要性更是不言而喻。

4.4 本章小结

本章利用2005年世界银行对中国营商环境调查的微观数据库，以2003~

4 融资约束与企业创新：基于动态层面的实证研究

2004年政府宏观调控中实施的银行信贷紧缩政策作为一个政策冲击，使用倍差估计法检验企业受银行信贷紧缩冲击对其研发创新动态的影响，从而在动态层面考察外部融资约束对企业创新的作用。同时为全面分析企业的融资约束与创新之间的关系，我们还将目光聚焦于企业内源融资能力，分析内源融资能力对银行信贷紧缩冲击与企业研发创新两者关系是否存在调节效应。最后结合中国是世界第一大出口贸易国的背景，基于融资约束对企业出口和研发的非对称性影响，深刻分析银行信贷紧缩冲击对出口企业和非出口企业研发动态的异质性影响。本章的主要发现有：

第一，受到银行信贷紧缩冲击越大的企业，其选择研发进入的可能性和研发投入增长率均越低，而且中断研发投资并退出研发活动的概率越高，由此可见，外部融资约束会抑制企业的创新活动，尤其对企业研发创新行为的持续性有着显著的制约作用。同时也充分说明，缺乏稳定持续的外部融资渠道是中国企业自主创新能力不足的一个重要原因。

第二，企业内源融资能力对银行信贷紧缩冲击与企业研发创新两者关系存在显著的调节效应，即企业内源融资能力越弱，银行信贷紧缩冲击对企业创新的抑制作用越大；而若企业内源融资能力越强，银行信贷紧缩冲击对企业创新的抑制作用越小。这充分说明提高企业内源融资能力能够缓解外部融资约束对企业创新的负面影响。因此无论是内源融资还是外源融资，对企业的研发创新活动都有着非常重要的影响，这也为下一章的研究区分内源融资和外源融资提供了经验证据。

第三，银行信贷紧缩冲击对出口企业和非出口企业研发动态的影响存在异质性。在面临外部融资约束的情况下，相对于非出口企业而言，尽管出口企业选择开展研发活动的可能性较高，但是其选择退出研发活动和减少研发投入的可能性也较高，这无疑损害了企业在国际市场上的长期利益，不利于我国出口贸易的长远发展。由于面临外部融资约束，出口企业"顾此失彼"，导致研发投入不足，自主创新能力持续薄弱，从而使得我国的出口企业"锁定"在低端产品的生产模式上。为此，改善企业的融资环境迫在眉睫，尤其是出口企业，这对于目前中国在进一步提高对外开放水平、加快构建开放型经济体制的新形势下，通过研发创新提高出口竞争力，从而更好地利用贸易自由化带来市场扩大的契机，进一步放大研发的预期收益有着非常重要的现实意义。这也为下一章在异质性企业分析框架下，关注贸易自由化与融资约束对企业创新的综合影响提供了先验研究。

尽管有不少文献实证考察了融资约束对企业创新的影响，但是大多研究停留在静态层面，而且对于实证研究两者之间关系存在内生性问题，即企业开展研发创新活动会显著增加企业的融资约束程度，从而可以发现研发创新与融资约束存在正相关的关系，这一问题始终未能得到很好的解决。并且对于两者关系的研究视角普遍将目光局限于单一对外部融资或者对内源融资的探讨，鲜有文献将外部融资和内部融资综合起来考察其对企业创新的影响，发掘外源融资约束和内部融资能力对企业创新的交互影响。同时本书还重点考虑到企业是否出口的异质性，以期捕捉融资约束背景下出口和研发的互动关系。

鉴于此，本书以2003~2004年政府宏观调控中实施的银行信贷紧缩政策这一自然实验为契机，将受到信贷紧缩冲击的企业视作实验组，未受到信贷紧缩冲击的企业视作控制组，利用倍差估计法来进行回归分析，检验外生的信贷紧缩冲击对企业研发创新的影响，并且本书的研究不仅关注到外部融资约束对企业研发增长率的影响，还将视角拓展到外部融资约束对企业研发进入和研发退出的动态影响，深入分析外部融资约束对企业创新行为持续性的重要影响。同时，这一实证研究以银行信贷紧缩政策作为一个外生的政策冲击，这里需要考虑因素较少，因此内生性问题得到一定的控制，从而能够较为准确地识别出外部融资约束与企业创新的因果关系。进一步地，在基准回归分析的基础上本章还考虑企业的内源融资能力对银行信贷紧缩冲击与企业研发创新两者关系的调节效应，这有助于我们深化认识外部融资与内部融资对企业创新的重要性。在扩展性分析中，本章考察了银行信贷紧缩冲击对出口企业和非出口企业研发动态的异质性影响，发现融资约束情境下出口"挤出"研发的情形，为中国经济融资约束严重、出口扩张迅速以及自主创新能力长期不足的三大特征性事实提供了有益的微观层面研究切入点。

但是本章的研究仍然存在一些不足之处：首先，本章对于控制变量的处理有待完善，其中企业年龄与研发创新之间是负相关关系，这与预期相悖，可能是因为企业年龄与研发创新之间存在潜在的U形关系，有待进一步考证；其次，在中国特色的社会主义市场经济中，不同所有制的企业其融资约束境遇大不相同，本章的扩展性分析囿于逻辑框架和整体篇幅尚未触及这一点，在下一章中将会对其展开详细分析；最后，本章主要是基于第3章对既有文献和理论进行梳理的基础上得到融资约束对企业创新的影响机制，进而对其展开实证研究，这种历史文献研究方法缺乏一定的严谨性，如何夯实和丰富外源融资约束和内源融资能力与企业创新之间关系的理论基础也是未来的研究方向。

5 融资约束、贸易自由化与企业创新：实证研究

传统的贸易理论建立在完全的资本市场的框架下，认为企业可以克服成本，自由调整生产。但在现实中，尤其像中国这样的发展中国家，大多数中小型企业都面临着严重的融资约束问题。第4章对融资约束与企业创新之间的关系进行了详细的探讨，进一步地，将研究视角由国内市场拓展到国际市场，在面临融资约束的情况下，不同企业对贸易自由化的反应也应该有所不同。而现有研究多半将贸易自由化和融资约束两类影响创新的因素分开，而忽视了这两类因素本身是会相互影响的，因而对企业创新的作用是有待商榷的。因此，本章旨在补充上述可能的"缺失"，重点关注贸易自由化与融资约束对企业创新的综合影响。基于前述理论模型，在异质性企业的分析框架下考虑企业的融资约束异质性，运用中国制造业企业数据对所提出的理论假说进行实证检验。同时，使用联立方程组模型进一步深入探讨融资约束、贸易自由化与企业创新之间的互动关系。

5.1 融资约束、贸易自由化与企业创新：全样本的基准回归结果

5.1.1 计量模型设定、变量说明及数据来源

要对前述提出的研究假说进行实证检验，可分成四个步骤实施：第一步是计量模型设定；第二步是关键变量选择并说明；第三步是寻找可靠数据来源，并对各变

量进行简单的统计性描述和相关性初步判断;第四步是进行计量回归与结果分析。

5.1.1.1 计量模型设定

本书旨在考察贸易自由化与融资约束对企业创新决策行为的影响,此种检验应该采用经典的 Probit 模型:

$$prob(innovate_{it} = 1 \mid X_{it}) = \phi[\beta_0 + \beta_1 trade_{jt} + \beta_2 fin_{it} + \beta_3 trade_{jt} * fin_{jt} + \gamma X_{it} + \lambda_c + \lambda_t + \lambda_j + \varepsilon_{it}]$$

下标 i、j、c、t 分别为企业、行业、地区和年份。分别是地区、时间和行业虚拟变量,控制了企业创新在地区、时间、行业方面未被观察到的特征。ε_{it} 为随机扰动项,假设服从正态分布 $\varepsilon_{it} \sim N(0, \sigma^2)$;其中 $innovate_{it}$ 是指企业创新决策(创新 =1,不创新 =0),$trade_{jt}$ 表示行业贸易自由化程度,fin_{it} 表示企业融资约束程度,两者的交互项用于判断融资约束是否通过影响企业创新而限制贸易所得。X 为控制变量,包括全要素生产率(tfp)、资本密集度(capital)、企业规模(size)、人力资本(human)、企业年龄(age)、企业利润率(profit)、出口密集度(export)、所有制结构(state)等变量。

5.1.1.2 变量说明和指标选取

(1)被解释变量。企业创新(innovate)是计量模型中的被解释变量。现有文献一般从创新产出和创新投入两个角度来描述企业创新,创新投入角度一般用研发支出来衡量,但是考虑到在《中国工业企业数据库》中对"研发支出"指标进行统计的年份仅为 2005~2007 年,存在数据缺失问题;创新产出角度一般选用专利、新产品等指标,考虑到专利并不能准确反映企业创新活动的全部成果,而且专利具有异质性,所反映的经济价值也会出现很明显的差别,因此本书选取最能代表创新产出的新产品产值即创新决策(innovate1)作为企业创新的代理变量,若企业新产品产值大于零,表明企业进行了创新,若新产品产值为零,则企业没有创新。同时将创新密集度(innovate2),即新产品产值与工业总产值的比重来作为稳健性检验。

(2)核心解释变量。首先是贸易自由化(trade),考虑到中国自 20 世纪 90 年代以来,主要以削减关税、取消贸易壁垒为重心来履行加入 WTO 的承诺,而配额、许可证等各种非关税壁垒方面的数据不仅很难量化,而且缺乏全面可获得性,所以本节选用进口关税率(tariff)来测度贸易自由化程度。

由于企业的融资结构是由内源融资和外源融资两方面结合。因此本书将用内源融资和外源融资来全面刻画我国企业存在的融资约束(fin)问题。企业的内源融资约束主要是指企业因自身的内部流动性不足带来的融资约束问题。考虑到中国目前的金融市场相对不完善,企业通过流动资产等集资金的成本较高,将流动资产转化为企业用于研发创新的资金相对困难,因此企业拥有较高的流动资产并不意味着企业的内源融资约束较小。而就现金流而言,企业对其支配能力较强,能够直接用于企业的研发创新,因此采用现金流与固定资产之比来衡量内源融资约束(ifin),以排除企业规模的影响,其中现金流等于产品销售收入减去中间投入,再扣除税收额。企业的外源融资约束则主要是指企业难以通过银行等金融中介机构贷款、发行股票或债券进行融资。考虑到对于中国企业而言,只有少数的大型企业才能通过证券市场进行股权融资,对于众多中小型企业来说,由于缺少担保机构和抵押物,只能采用向银行借款来进行间接融资。但是从银行角度来讲,我国企业的外源融资普遍存在"所有制歧视"。具体来说,由于地方性中小银行发展严重不足,我国企业的间接融资主要是来自于四大国有商业银行,而四大国有银行向企业发放贷款是按照政治上的主从次序(即国有企业或国有控股企业能够获得四大国有银行的持续贷款,民营企业则在申请贷款时面临着较高的贷款条件限制,受到信贷歧视),而并不是依据企业的流动性或者企业的外源融资能力来发放贷款(孙灵燕、李荣林,2011)。因此,我们应该依据企业的外源融资成本而不仅仅是企业的外源融资能力来考察我国企业所面临的外源融资约束。Li & Yu(2009)也指出企业外源融资成本越低,说明企业更容易获得外部融资,因而利息支付越多。因此企业外源融资的代理指标可以采用利息支出。同时考虑到企业的规模和法律形式等自身因素可能会制约企业的借贷能力(Petersen & Rajan,1994),故采用利息支出占固定资产的比重来度量企业的外源融资约束(efin),以剔除规模不同带来的外源融资差异。

(3)控制变量包括全要素生产率(tfp)、资本密集度(capital)、企业规模(size)、人力资本(human)、企业年龄(age)、企业利润率(profit)、出口密集度(export)、所有制结构(state)变量,下面对各个变量的指标选择和测度方式一一说明,具体如下:

全要素生产率(tfp)。全要素生产率是企业最鲜明的异质性特征,目前测算企业全要素生产率的主要方法有OLS、OP、LP等。由于OLS方法会产生内生性偏差问题;OP方法(Olley & Pakes,1996)和LP方法(Levinsohn & Petrin,2003)均能够缓解内生性偏差问题,但是前者不可避免地产生了损失较多样本的问题,而后者则能够有效地解决上述问题,因此本书采用LP方法来测算中国制造业企业的全要素生产率。在测算企业全要素生产率时，企业产出用工业增加值来衡量，资本投入和劳动投入分别用各企业从业人员总人数和固定资产净值来衡量，其中企业产出和资本投入均用 Brandt et al.（2012）提供的以1998年为基期的平减指数进行调整。

资本密集度（capital）。根据资本和劳动两种要素投入比例的不同，企业被分为资本密集型和劳动密集型。相对于劳动密集型企业，资本密集型企业由于其更多地采用高精尖设备，在先进技术应用和新产品开发等方面更具有优势，因此更有研发创新的积极性。因此本书采用固定资产净值与职工人数的比值对数来衡量资本密集度，预期该变量系数符号为正。

企业规模（size）。Schumpeter（1942）在其创新理论中指出，相对于小企业而言，大企业由于规模经济和垄断优势产生持续利润，足以负担研发项目高昂的费用，因此能够进行更大范围的研发创新。后续研究也证实了这一观点，即企业规模与创新行为呈现正相关关系，大企业因其具备高素质的技术人员和管理人员、先进的机器设备和更强的资金获取能力等资源优势，因此具有较高的技术效率。企业规模通常由企业总资产、职工人数或者销售额来衡量，这三个指标各有利弊，但 Scherer（1965）认为销售额在理论上相对于其他指标而言，更能够代表企业规模。张杰等（2007）、聂辉华等（2008）也表明在探讨企业规模对企业创新的影响时，销售额能够更好地体现这一影响，因此本书也采用企业销售额取对数来衡量企业规模①。

人力资本（human）。人力资本作为构成企业研发创新的主体部分，其对企业创新的影响自是不可小觑，但是囿于数据样本的局限，企业员工教育水平的数据难以获得。本书采用人均工资水平作为替代变量，用企业应付工资和应付福利之和与职工人数的比值对数来衡量人均资本，预期该变量的符号为正。

企业年龄（age）。企业经营时间的延长通常会伴随着企业资源的积累，年龄较大的企业因其在市场、技术和经验等方面的积累而有更好的资源优势，有很大的研发创新潜力。但是也有研究认为，刚进入行业的新企业只能借助于差异化的创新性产品才能生存下来，具有更大的创新动力。因此本书采用"当年年份 – 开业年份 + 1"的对数来度量企业年龄，并加入其平方项以期识别这种非线性关系。

---

① 在实际回归中我们分别采用了这三个指标来作为企业规模的代理变量，并对计量结果进行比较，结果表明销售额的显著性相当稳健，因此该变量确实可取。

企业利润率（profit）。企业利润不仅是企业生产经营的目标之一，也会为企业研发投入提供资金支持，从而有利于企业研发创新。可以说利润在很大程度上决定了企业的研发投入，进而对企业创新产生重要的积极影响，因此本书采用企业利润总额与工业销售产值的比值对数表示，预期该系数符号为正。

出口密集度（export）。出口因素在我国制造业企业创新活动中发挥着很重要的作用。相对于国内消费市场，近年来我国向发达国家出口产品需要达到更高的质量、环保与安全壁垒等标准，那么为了扩大规模进入国际市场，出口密集度高的企业就要加大研发创新，以满足国外市场不断提高的产品标准和要求。但是我国制造业企业出口产品的比较优势就在于低技术含量的低端劳动密集型产品。企业的出口比例越高，可能会使得企业"锁定"于依赖低技术低成本的生产模式，从而缺乏自主创新的动力。因此本书采用出口交货值与企业销售产值的比值来衡量出口密集度，并加入其平方项，以识别其可能存在的倒U形关系。

所有制结构（state）。Atkinson & Stiglitz（1980）认为国有企业的出现是为了解决社会收益与私人成本不同而导致的市场失灵。因为知识具有非排他性，可以通过国有企业本身或者政府直接干预来得到缓解，从体制上说，国有企业比民营企业更具有创新性。从资源禀赋来说，国有企业拥有较强的资源优势，更有实力去进行创新。并且在我国市场机制尚不完善，缺乏健全的知识产权保护体系的背景下，民营企业很难有效地保护其创新活动的收益，从这个角度来看，国有企业可能比民营企业的创新激励更高。因此本书采用国有实收资本占总实收资本的比重来识别所有制结构对创新的影响。

上述变量的含义说明和预期符号如表5-1所示。

表5-1　研究变量与预期符号

变量类型	变量名称	变量标识	变量说明	预期符号
被解释变量	创新决策	innovate1	新产品产值大于零=1，否则=0	-
	创新密集度	innovate2	新产品产值/工业总产值	-
核心解释变量	行业关税率	tariff	行业平均进口关税率	-
	内部融资约束	ifin	现金流/固定资产	+
	外部融资约束	efin	利息支出/固定资产	+
控制变量	全要素生产率	tfp	LP方法	+
	资本密集度	capital	ln（固定资产净值/职工人数）	+
	企业规模	size	ln（企业销售额）	+

续表

变量类型	变量名称	变量标识	变量说明	预期符号
控制变量	人力资本	human	ln［（应付工资＋应付福利）/与职工人数］	＋
	企业年龄	age	ln（当年年份－开业年份＋1）	？
	企业利润率	profit	企业利润总额/工业销售产值	＋
	出口密集度	export	出口交货值/企业销售产值	？
	所有制结构	state	国有实收资本占总实收资本的比重	＋

5.1.1.3 数据来源

本书所用数据主要来源于《中国工业企业数据库》，其中的"工业"统计口径为"国民经济行业分类"中的"采矿业""制造业""燃力及水的生产和供应业"三大门类，其中制造业比重占据90%以上。由于2004年的数据直接来自经济普查数据，导致被解释变量新产品产值在2004年缺失，并且其中的变量类型和其他年份差别较大；2008～2009年的数据缺失较为严重，因此本书的样本区间定位于2001～2007年（无2004年）。由于《中国工业企业数据库》中部分指标存在异常值，在做实证分析前必须予以剔除。本书参照聂辉华等（2012）和 Cai & Liu（2009）等学者普遍采用的做法对数据库进行以下筛选和处理：第一，考虑到数据的可得性及连贯性，并且制造业中某些行业的产品属于非贸易品，为研究需要，本书选用国民经济行业分类（GB/T 4754—2002）下二分位代码为13～37、39～41总计28个制造业行业的面板数据；第二，为统一行业数据口径，依据2003年开始实施的新《国民经济行业分类》，调整数据样本中2003年前后的新旧行业代码；第三，剔除企业规模较小的样本（雇员人数小于30）；第四，剔除本书涉及变量中存在缺省值和特殊异常值的样本；第五，删除不符合一般公认的会计准则（GAPP）（即总资产小于流动资产，总资产小于固定资产净值）或者当年企业名称出现重复的样本；第六，剔除关键性指标企业年龄小于0或工业总产值、工业销售产值、总资产、固定资产、实收资本为0或者缺失的样本。经过上述处理后，我们得到非平衡面板数据。其数据结构我们用表5-2和表5-3来进行描述性分析。经过筛选后，得到了1206755个观察值，对应393452家企业，涉及28个行业和31个省市区。

5 融资约束、贸易自由化与企业创新：实证研究

表5-2 非平衡面板的数据结构

年份	观察值个数	百分比	累计百分比
2001	109757	0.090951	0.090951
2002	118882	0.098512	0.189463
2003	129732	0.107503	0.296966
2004	199197	0.165066	0.462031
2005	195018	0.161603	0.623634
2006	214895	0.178074	0.801708
2007	239294	0.198292	1

表5-3 非平衡面板的数据结果

企业连续存活年数	企业个数	百分比
连续存活7年	31521	0.080114
连续存活6年及以上	55967	0.142246
连续存活5年及以上	85246	0.216662
连续存活4年及以上	149325	0.379525
连续存活3年及以上	208193	0.529145
连续存活2年及以上	283054	0.719412
连续存活1年及以上	393452	1

5.1.1.4 描述性统计

主要变量的描述性统计如表5-4所示。

表5-4 主要变量的描述性统计

变量名	变量标识	观察值	均值	标准差	最小值	最大值
创新决策	innovate1	954226	0.0930	0.2904	0	1
创新密集度	innovate2	954226	0.0344	0.1480	0	1
行业关税率	tariff	954226	11.90568	7.1167	0	62.5
内部融资约束	ifin	954226	2.0605	3.6941	-4.2271	43.4601
外部融资约束	efin	954226	0.0439	0.0745	0	1.5894
全要素生产率	tfp	954226	3.9142	0.9568	1.2178	14.5511
资本密集度	capital	954226	3.5789	1.1255	0.5108	6.3291
企业规模	size	954226	4.9021	0.9900	3.4011	12.1450

续表

变量名	变量标识	观察值	均值	标准差	最小值	最大值
人力资本	human	954226	2.5228	0.5928	0.4242	4.2995
企业年龄	age	954226	2.1500	0.7221	0	4.9558
企业利润率	profit	954226	0.0320	0.0706	0.0001	0.2924
出口密集度	export	954226	0.1779	0.3448	0	1
所有制结构	state	954226	0.0576	0.2200	0	1

在进行回归之前，考虑到各解释变量之间可能存在多重共线性问题，同时对各变量与创新的相关性做出初步判断，表5-5列出了主要解释变量之间的皮尔逊（Pearson）相关系数矩阵，我们可以看到各个主要解释变量之间不存在严重的多重线性关系。其中，行业关税率与创新决策和创新密集度均呈现显著的负向关系，内源融资约束和外源融资约束均与创新决策和创新密集度呈现显著的正向关系，这也为后文的计量分析提供了一个初步的预期。

5.1.2 计量结果分析与说明

本书使用Stata14.0软件，对创新决策模型采用Probit模型估计，由于单纯使用企业是否有新产品的虚拟变量来衡量企业的创新研发能力，可能会忽略不同企业之间的创新研发能力的异质性差异，因此还需要采用企业的新产品产值占工业总产值的比重来反映企业的创新活动，但是考虑到该指标衡量企业的创新活动时，会产生数据"截断"效应，OLS回归不能得到一致的估计，此时应该采用Tobit模型进行估计。

表5-6报告了创新决策模型的估计结果，在回归分析中，本书共构建了五组回归方程，均控制了企业的特征变量、行业、地区和年度效应。表5-6的Ⅰ列考察行业关税率对企业创新决策的影响，较低的行业关税率意味着较高的贸易自由程度，其估计系数显著为负，这说明较高的贸易自由化程度对企业的创新决策有显著的正效应。这也与国内外学者的结论一致，即贸易自由化通过扩大市场形成的规模效应和竞争效应、降低中间投入品的成本效应和引进新产品的知识溢出效应，促进企业加大研发投入、采用先进技术，从而有更多的创新（Ederington et al.，2008；Van Long et al.，2011；陈雯、苗双有，2016）。Ⅱ列和Ⅲ列则分别单独引入内部融资约束指标和外部融资约束指标，发现现金流较少（利息支

表5-5 主要解释变量之间的皮尔逊（Pearson）的相关系数矩阵

	innovate1	innovate2	tariff	ifin	efin	tfp	capital	size	human	age	profit	export	state
innovate1	1												
innovate2	0.727	1											
tariff	-0.0345	-0.0341	1										
ifin	0.0278	0.0141	-0.0096	1									
efin	0.0457	0.0257	0.0106	0.1055	1								
tfp	0.0498	0.0427	-0.1161	0.2398	0.0652	1							
capital	0.0774	0.0582	-0.0953	-0.4336	-0.1296	0.3862	1						
size	0.1848	0.1092	0.0361	-0.0872	0.0157	-0.1694	-0.0208	1					
human	0.0873	0.0904	-0.1662	0.0912	-0.0186	0.364	0.1892	0.0092	1				
age	0.0909	0.033	0.0134	-0.0667	0.0614	-0.0966	0.0136	0.2355	0.0081	1			
profit	0.0369	0.0315	-0.0208	0.065	-0.0108	0.3081	0.0428	-0.0253	0.0986	-0.0807	1		
export	0.0198	0.033	0.0772	0.031	-0.0287	-0.144	-0.1669	0.2082	0.0963	-0.0068	-0.0455	1	
state	0.0748	0.034	0.0708	-0.0766	-0.0246	-0.1328	0.0735	0.1585	-0.0704	0.2943	-0.1374	-0.0899	1

表5-6 创新决策模型回归结果

	被解释变量为是否有新产品				
	Ⅰ	Ⅱ	Ⅲ	Ⅳ	Ⅴ
tariff	-0.0064*** (-23.04)	—	—	-0.0062*** (-19.76)	-0.0052*** (-15.75)
ifin	—	0.0030*** (4.42)	—	0.0016*** (4.45)	—
efin	—	—	1.091*** (46.17)	—	1.3710*** (29.04)
tariff*ifin	—	—	—	0.0013*** (4.56)	—
tariff*efin	—	—	—	—	0.0254*** (7.13)
tfp	0.0629*** (25.57)	0.0696*** (25.96)	0.0477*** (19.58)	0.0684*** (24.94)	0.0465*** (18.64)
capital	0.0554*** (29.24)	0.0506*** (22.21)	0.0733*** (38.69)	0.0491*** (20.99)	0.0718*** (36.98)
size	0.232*** (124.77)	0.235*** (128.81)	0.233*** (127.22)	0.232*** (124.65)	0.230*** (123.16)
human	0.167*** (47.26)	0.179*** (52.32)	0.185*** (53.81)	0.168*** (47.44)	0.173*** (48.80)
age	-0.441*** (-36.41)	-0.447*** (-37.66)	-0.468*** (-39.38)	-0.442*** (-36.50)	-0.464*** (-38.20)
age^2	0.113*** (44.63)	0.114*** (45.83)	0.117*** (46.92)	0.113*** (44.69)	0.116*** (45.78)
profit	0.740*** (26.76)	0.723*** (26.72)	0.808*** (29.79)	0.731*** (26.37)	0.815*** (29.35)
export	2.490*** (98.89)	2.484*** (101.04)	2.452*** (99.44)	2.489*** (98.88)	2.458*** (97.39)
$export^2$	-2.662*** (-98.49)	-2.663*** (-100.71)	-2.615*** (-98.59)	-2.662*** (-98.48)	-2.615*** (-96.46)
state	0.191*** (22.96)	0.192*** (23.61)	0.199*** (24.40)	0.193*** (23.11)	0.200*** (23.92)

5 融资约束、贸易自由化与企业创新：实证研究

续表

	被解释变量为是否有新产品				
	Ⅰ	Ⅱ	Ⅲ	Ⅳ	Ⅴ
industry	Yes	Yes	Yes	Yes	Yes
province	Yes	Yes	Yes	Yes	Yes
year	Yes	Yes	Yes	Yes	Yes
N	954226	954226	954226	954226	954226

注：括号内数值为 Z 统计量，*** 表示参数的估计值在 1% 的水平上显著。

出越少）的企业进行产品创新的可能性小。对这一结论可作如下解释：企业的研发创新由于其风险高、周期长和信息不对称等因素依赖于稳定、持续和长期的资金支持，因此内部现金流和外部资金支持显得尤为重要。Levine（2005）指出，在发展中国家存在着多方面的潜在信贷市场摩擦，信贷市场的缺陷会使得企业面临严重的融资约束，进而导致企业的技术创新不足。Ⅳ列则引入行业关税率和内部融资约束的交互项，发现这两类因素的交互项系数在 1% 水平上显著为正，这意味着现金流较低的企业受到较强的融资约束，进而抑制了贸易自由化对企业创新的正向效应。Ⅴ列引入行业关税率和外部融资约束的交互项，发现这两类因素的交互项系数在 1% 水平上显著为正，表明利息支出越少的企业，其外源融资成本越高，受到的融资约束程度越强，因此抑制了贸易自由化对企业创新的正向效应。这证实了我们的研究假说，贸易自由化会降低企业的产品价格，提高借贷市场的借贷利率，对于受到融资约束的企业而言，由于在产品价格降低带来的收益空间压缩的同时，借贷成本的提高使得企业更加难以获得外部融资支持，因此企业的生产规模会受到抑制。企业产品价格和生产规模的同时下降会导致企业缺乏激励去创新；但是对于融资能力较强的企业而言，由于企业生产不受融资限制，企业的生产规模直接由国内市场和国外市场的需求决定，贸易自由化带来的出口增加，就会让融资能力较强的企业可以更好地利用扩大的出口市场去进行创新。因此融资约束会抑制贸易自由化对企业创新的促进效应。表 5-7 的创新产出模型估计结果也进一步强化了创新决策模型的发现。

在其他主要控制变量中，企业的资本密集度、人力资本、企业利润率和所有制结构均与企业创新决策和创新密集度之间呈现显著的正向关系，这说明，资本密集度越高、人力资本越高、利润率越大、国有资本比重越大的企业进行创新的

可能性越大,创新密集度也越大,这是符合预期的。企业年龄和企业创新决策之间呈现 U 形关系,这可能是因为年龄较小的新企业在市场中本来就处于弱势地位,因此就有强烈的动机去生产新产品,以获得市场份额,而年龄大的老企业在长期的资本积累和经验沉淀后,更加有能力去生产新产品,以攫取更高的利润。出口密集度与企业创新决策之间呈现倒 U 形关系,这也许与我国制造业现在面临的"低端锁定"有关(张杰等,2007)。一方面,企业出口面临着发达国家对产品质量、环保标准和安全壁垒等各方面的严苛要求,不得不提高创新密集度;另一方面,我国制造业出口产品的竞争优势就在于低技术含量、低价格的劳动密集型产品,更高的出口比例会迫使企业"锁定"在低成本低价格的模式,从而抑制了企业的创新激励,削弱了企业的创新密集度。

表 5-7 创新产出模型回归结果

	被解释变量为新产品产值/工业总产值				
	Ⅰ	Ⅱ	Ⅲ	Ⅳ	Ⅴ
tariff	-0.0047*** (-21.89)	—	—	-0.0042*** (-17.27)	-0.0041*** (-16.31)
ifin	—	0.0001*** (4.80)	—	0.0004*** (4.74)	—
efin	—	—	0.0606*** (30.33)	—	0.0781*** (19.85)
tariff * ifin	—	—	—	0.0028*** (4.71)	—
tariff * efin	—	—	—	—	0.0015*** (5.27)
tfp	0.0028*** (14.57)	0.0028*** (13.29)	0.0022*** (11.40)	0.0027*** (12.33)	0.0020*** (10.36)
capital	0.0045*** (30.36)	0.0047*** (26.50)	0.0053*** (36.29)	0.0047*** (25.49)	0.0053*** (35.05)
size	0.0141*** (86.48)	0.0142*** (89.53)	0.0141*** (88.57)	0.0141*** (86.56)	0.0139*** (85.60)
human	0.0174*** (62.21)	0.0183*** (67.72)	0.0186*** (69.08)	0.0174*** (62.09)	0.0177*** (63.29)

续表

	被解释变量为新产品产值/工业总产值				
	I	II	III	IV	V
age	-0.0376*** (-37.46)	-0.0376*** (-38.40)	-0.0386*** (-39.47)	-0.0376*** (-37.45)	-0.0387*** (-38.49)
age^2	0.0085*** (38.80)	0.0084*** (39.67)	0.0086*** (40.28)	0.0085*** (38.79)	0.0086*** (39.38)
profit	0.0536*** (23.85)	0.0525*** (23.95)	0.0555*** (25.39)	0.0538*** (23.89)	0.0569*** (25.30)
export	0.1370*** (58.01)	0.1370*** (59.36)	0.1350*** (58.33)	0.1370*** (58.01)	0.1350*** (57.05)
$export^2$	-0.1370*** (-54.98)	-0.1370*** (-56.46)	-0.1340*** (-55.13)	-0.1370*** (-54.97)	-0.1340*** (-53.70)
state	0.0120*** (16.00)	0.0121*** (16.61)	0.0126*** (17.40)	0.0118*** (15.80)	0.0125*** (16.67)
industry	Yes	Yes	Yes	Yes	Yes
province	Yes	Yes	Yes	Yes	Yes
year	Yes	Yes	Yes	Yes	Yes
N	954226	954226	954226	954226	954226

注：括号内数值为T统计量，＊＊＊表示参数的估计值在1%的水平上显著。

5.1.3 计量结果的稳健性检验

本书将对可能存在的内生性问题进行处理，并更换解释变量、被解释变量和指标，以做进一步的稳健性检验，验证上述计量结果的真实性和可靠性。

5.1.3.1 内生性问题

考虑到融资约束与企业创新之间存在反向因果关系，即企业开展研发创新活动会显著增加企业的融资约束程度。针对这一可能存在的内生性问题，通常的处理办法是寻找工具变量进行回归，但是由于选取合适的工具变量较为棘手，因此本书采用解释变量的滞后期来作为工具变量回归。由于企业的现金流和利息支出具有一定的时间周期，企业的前期现金流和利息支出会对当期现金流和利息支出产生重要影响。相反，企业创新的当期值无法对企业的前期现金流和利息支出造成影响，因此可以选取滞后期的现金流和利息支出作为工具变量。我们对工具变量回归进行 Wald 外生性检验和弱工具变量检验，Wald 外生性检验结果在 10% 显著性水平下都拒绝现金流和利息支出是外生的原假设，说明有必要利用工具变量进行回归分析；弱工具变量检验结果则表明滞后一期值与变量之间存在较强相关性，因此不存在弱工具变量问题。所以本书对创新决策模型和创新产出模型采取工具变量回归，将解释变量滞后一期进行检验，结果如表 5-8 所示，与基准回归结果相比，在处理内生性后，现金流和利息支出与贸易自由化交互项的系数值有所降低，说明基准回归高估了融资约束的抑制效应，实证结果并没有发生实质性的变化，即融资约束确实抑制了贸易自由化对企业创新的正向效应，其他控制变量也表现出高度的一致性，因此上述结论依然成立。

表 5-8 内生性处理结果

	创新决策模型		创新产出模型	
	Ⅰ	Ⅱ	Ⅲ	Ⅳ
tariff	-0.0064***	-0.0065***	-0.0047***	-0.0048***
	(-20.76)	(-20.15)	(-19.42)	(-19.33)
ifin	0.0011***	—	0.0009***	—
	(4.23)		(4.27)	
efin	—	0.0610***	—	0.0621***
		(4.26)		(21.16)
trade*ifin	0.0010***	—	0.0020***	—
	(4.15)		(4.57)	
trade*efin	—	0.0019***	—	0.0002***
		(4.54)		(6.91)
tfp	0.0628***	0.0628***	0.0028***	0.0028***
	(25.54)	(25.54)	(14.55)	(14.56)
capital	0.0556***	0.0554***	0.0045***	0.0045***
	(29.32)	(29.22)	(30.39)	(30.35)
size	0.232***	0.232***	0.0141***	0.0141***
	(124.79)	(124.79)	(86.49)	(86.49)
human	0.166***	0.167***	0.0174***	0.0174***
	(47.08)	(47.29)	(62.08)	(62.21)

续表

	创新决策模型		创新产出模型	
	Ⅰ	Ⅱ	Ⅲ	Ⅳ
age	-0.441***	-0.441***	-0.0376***	-0.0376***
	(-36.40)	(-36.40)	(-37.45)	(-37.45)
age^2	0.113***	0.113***	0.0084***	0.0084***
	(44.63)	(44.61)	(38.79)	(38.78)
profit	0.741***	0.740***	0.0537***	0.0536***
	(26.79)	(26.79)	(23.86)	(23.86)
export	2.490***	2.489***	0.137***	0.137***
	(98.89)	(98.88)	(57.99)	(57.99)
$export^2$	-2.663***	-2.662***	-0.137***	-0.137***
	(-98.51)	(-98.47)	(-54.97)	(-54.95)
state	0.192***	0.191***	0.0120***	0.0119***
	(23.00)	(22.94)	(15.99)	(15.97)
industry	Yes	Yes	Yes	Yes
province	Yes	Yes	Yes	Yes
year	Yes	Yes	Yes	Yes
N	954226	954226	954226	954226
Wald 外生性检验	0.0732	0.0714	0.0764	0.0702
弱工具变量检验	0.0000	0.0000	0.0000	0.0000

注：括号内数值为 Z（T）统计量，***表示参数的估计值在1%的水平上显著。

5.1.3.2 指标选择

（1）贸易自由化指标。考虑到用行业关税率衡量贸易自由化水平时，忽略了除关税以外，非关税因素的变化也会影响道贸易自由化水平。因此本书进一步采用行业进口渗透率来作为贸易自由化的度量指标进行稳健性分析。进口渗透率的计算公式为：

$$IMP_j = \frac{\sum_i IM_i^j}{\sum_i y_i^j}$$

即 j 行业的进口总额与该行业的工业总产值之比，为了计算行业进出口数据，首先采用盛斌（2002）建立的《国际贸易标准分类（SITC Rev3）与中国国民经济行业分类（GB/T 4754—2002）对照表》，对《UN Comtrade》数据库中

SITC 分类下 5 位码商品的进出口额进行归类加总得到各行业的进出口数据,行业工业总产值则取自 2001~2007 年的《中国统计年鉴》。表 5-9 给出了行业进口渗透率 (IMP) 作为核心解释变量的估计结果,可以看到系数符号和显著性均没有实质变化,表明得到的结果是稳健的。

表 5-9 稳健性检验回归结果 (行业渗透率 IMP)

	创新决策模型		创新产出模型	
	I	II	III	IV
IMP	0.220***	0.218***	0.0196***	0.0184***
	(42.36)	(41.90)	(41.03)	(39.43)
ifin	0.0039***	—	0.0026***	—
	(4.80)		(4.04)	
efin	—	1.114***	—	0.0544***
		(37.85)		(21.50)
IMP * ifin	0.0013***	—	0.0029***	—
	(4.21)		(4.81)	
IMP * efin	—	0.185***	—	0.0492***
		(3.38)		(9.17)
tfp	0.0732***	0.0496***	0.0034***	0.0027***
	(26.26)	(19.51)	(15.40)	(13.51)
capital	0.0567***	0.0813***	0.0051***	0.0058***
	(24.21)	(41.79)	(27.78)	(38.23)
size	0.236***	0.234***	0.0145***	0.0143***
	(126.31)	(124.58)	(87.40)	(86.35)
human	0.152***	0.157***	0.0162***	0.0165***
	(42.23)	(43.61)	(56.16)	(57.42)
age	-0.471***	-0.494***	-0.0390***	-0.0401***
	(-38.64)	(-40.42)	(-38.00)	(-39.08)
age^2	0.119***	0.122***	0.0087***	0.0088***
	(46.73)	(47.85)	(39.22)	(39.81)

5 融资约束、贸易自由化与企业创新：实证研究

续表

	创新决策模型		创新产出模型	
	Ⅰ	Ⅱ	Ⅲ	Ⅳ
profit	0.699***	0.790***	0.0534***	0.0567***
	(25.29)	(28.49)	(23.41)	(24.92)
export	2.452***	2.419***	0.138***	0.136***
	(97.71)	(96.10)	(57.95)	(56.94)
$export^2$	-2.619***	-2.568***	-0.138***	-0.134***
	(-97.18)	(-94.97)	(-54.86)	(-53.49)
state	0.228***	0.235***	0.0153***	0.0160***
	(27.16)	(28.01)	(19.79)	(20.64)
industry	Yes	Yes	Yes	Yes
province	Yes	Yes	Yes	Yes
year	Yes	Yes	Yes	Yes
N	954226	954226	954226	954226

注：括号内数值为Z（T）统计量，＊＊＊表示参数的估计值在1％的水平上显著。

（2）融资约束指标。关于融资约束的测度，学界并没有达成一致的看法，为稳健考虑，本书采用Cleary et al.（2004）和Greenway et al.（2007）的做法，从内源融资能力和外源融资能力的角度来测度企业所面临的融资约束，即以流动性比率（liquidity）代表内源融资能力，用企业的流动资产与流动负债的差值占总资产的比重表示，该值越大，表明企业的流动性状况越好，内源融资能力越强，面临的融资约束较小；以负债率（leverage）代表外源融资能力，用企业的总负债占总资产的比重衡量，该值越低，代表企业负债少净值高，则从外部融资的能力越强，受到的融资约束程度越低。数据依然来自《中国工业企业数据库》，表5-10给出流动性比率和负债率作为核心解释变量的估计结果，可以看到结果并无实质性变化，表明结果是稳健的。

表5-10 稳健性检验回归结果（流动性liquidity和负债率leverage）

	创新决策模型		创新产出模型	
	Ⅰ	Ⅱ	Ⅲ	Ⅳ
tariff	-0.0063***	-0.0057***	-0.0045***	-0.0054***
	(-22.50)	(-9.63)	(-21.01)	(-12.20)

续表

	创新决策模型		创新产出模型	
	Ⅰ	Ⅱ	Ⅲ	Ⅳ
liquidity	0.161*** (13.04)	—	0.0166*** (17.57)	—
leverage	—	-0.0076*** (-4.60)	—	-0.0032*** (-4.32)
tariff * liquidity	0.0018*** (4.15)	—	0.0044*** (7.67)	—
tariff * leverage	—	-0.0012*** (-6.32)	—	-0.0012*** (-7.86)
tfp	0.0572*** (23.09)	0.0629*** (25.57)	0.0024*** (12.25)	0.0028*** (14.60)
capital	0.0650*** (33.26)	0.0552*** (29.03)	0.0052*** (34.34)	0.0045*** (30.40)
size	0.235*** (125.80)	0.232*** (124.63)	0.0143*** (87.80)	0.0141*** (86.32)
human	0.161*** (45.58)	0.167*** (47.27)	0.017*** (60.77)	0.0174*** (62.14)
age	-0.453*** (-37.35)	-0.441*** (-36.42)	-0.0384*** (-38.20)	-0.0376*** (-37.46)
age^2	0.115*** (45.49)	0.113*** (44.65)	0.0086*** (39.44)	0.0085*** (38.76)
profit	0.612*** (21.64)	0.733*** (25.49)	0.0435*** (18.92)	0.055*** (23.54)
export	2.483*** (98.58)	2.490*** (98.90)	0.137*** (57.70)	0.137*** (57.96)
$export^2$	-2.658*** (-98.33)	-2.663*** (-98.50)	-0.136*** (-54.79)	-0.137*** (-54.90)
state	0.192*** (22.98)	0.192*** (23.00)	0.0120*** (15.97)	0.0118*** (15.77)
industry	Yes	Yes	Yes	Yes
province	Yes	Yes	Yes	Yes
year	Yes	Yes	Yes	Yes
N	954226	954226	954226	954226

注：括号内数值为 Z（T）统计量，*** 表示参数的估计值在1%的水平上显著。

5.2 融资约束、贸易自由化与企业创新：基于联立方程模型的回归结果

5.2.1 融资约束、贸易自由化与企业创新的相互作用机制

基于前述理论从分视点和综合视点两个层次的分析，下面将梳理融资约束、贸易自由化与企业创新三者之间的互动关系，以期在基准回归结果的基础上进一步进行实证检验，从而得出较为科学准确的结论。

（1）关于融资约束与企业创新。由于与外部投资者之间的信息不对称，企业的创新活动很难获得外部融资支持，与此同时由于企业研发创新具有较高调整成本的特性，因此企业的创新活动普遍受到外部融资约束的限制，融资约束会抑制企业创新。然而，企业研发创新也会对融资约束产生影响。从产出角度来看，企业进行技术创新可以通过降低生产的边际成本来提高市场利润，从而缓解企业的融资约束。但是从投入角度来看，创新力度大的企业基于研发的需要，可能会在人力资本等无形资产而非实物资本上投入更多，这会在一定程度上导致企业的可抵押资产较少，因此很难获得外部融资支持，从而使得融资约束程度加深。Hottenrott & Peters（2012）基于 Howe & McFetridge（1976）和 David et al.（2000）的模型以及实证检验，发现企业开展研发创新活动会增加融资约束程度。因此融资约束与企业创新之间可能存在双向因果关系。

（2）关于贸易自由化与企业创新。贸易自由化通过国外产品涌入的竞争效应、降低中间投入品成本的成本效应、进口资本品的知识溢出效应和扩大出口市场的规模效应，促进企业加大研发投入、采用先进技术，从而有更多的创新。上述结论是基于传统的贸易理论，是建立在完全资本市场的框架下，认为企业可以克服成本，自由调整生产。但是现实中，尤其是像中国这样的发展中国家，企业面临着不同程度的融资约束。第 3 章从贸易自由化和融资约束的综合视点出发，通过构建理论模型说明融资约束会抑制贸易自由化对企业创新的促进效应，其中的机理在此不再赘述。

（3）关于贸易自由化与融资约束。Irlacher & Unger（2016）在一般均衡的框

架构建了一个包含不完全资本市场和内生借贷成本的异质性贸易理论模型，分析说明贸易自由化增加市场规模的同时，也会通过国外产品的进入而增加市场竞争。正的市场规模效应会降低所有企业的产出，提高资本需求，导致借贷利率提高。较高的借贷成本导致更多企业受到融资约束，从而扩大了融资约束的异质性。Egger & Keuschnigg（2015）则从贸易保护的角度切入，建立了一个包含资本和部门特定劳动的多国两部门模型，说明较小的贸易保护可以通过进口国的贸易条件效应，提高国内产品价格和企业收入，从而增加企业的融资能力。通过上述分析，我们发现贸易自由化会通过借贷利率和贸易条件效应，对企业的融资约束产生影响。

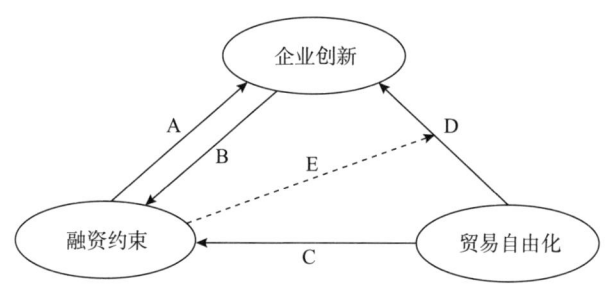

图 5-1　融资约束、贸易自由化与企业创新的相互作用机制

5.2.2　联立方程组模型的设定

为了进一步识别融资约束、贸易自由化与企业创新三者之间的互动关系，本节在基准回归的基础上，构建了联立方程组模型，具体表示为：

$$\text{innovate2}_{it} = \beta_0 + \beta_1 \text{trade}_{jt} + \beta_2 \text{fin}_{it} + \beta_3 \text{trade}_{jt} * \text{fin}_{it} + x_{it}\gamma_1 + \lambda_c + \lambda_t + \lambda_j + \varepsilon_{it} \quad (5-1)$$

$$\text{fin}_{it} = \alpha_0 + \alpha_1 \text{innovate2}_{it} + \alpha_2 \text{trade}_{jt} + Z_{it}\gamma_2 + \lambda_c + \lambda_t + \lambda_j + \varepsilon_{it} \quad (5-2)$$

其中联立方程式（5-1）与基准回归保持一致[①]，略有不同的是这里被解释变量选取的是创新密集度（innovate2），即新产品产值与工业总产值的比重。同式（5-1）联立方程式（5-2）中被解释变量是融资约束（fin_{it}），包含内部融

[①]　出于联立方程组整体回归结果考虑，控制变量集合 x_{it} 未加入出口密集度的平方项。

5 融资约束、贸易自由化与企业创新：实证研究

资约束（ifin）和外部融资约束（efin），采用现金流与固定资产之比来衡量内源融资约束，采用利息支出占固定资产的比重来度量企业的外源融资约束。解释变量包括贸易自由化（trade）和创新密集度（innovate2），其中贸易自由化用进口关税率（tariff）来衡量，以期检验贸易自由化通过借贷利率和贸易条件效应，对企业的融资约束产生的影响；创新密集度（innovate2），由于企业创新与融资约束之间会相互影响，因此加入创新变量的式（5-2）和式（5-1）组成联立方程模型，用以处理融资约束与企业创新之间可能存在的内生性问题，进一步验证本书的关键理论假说。

联立方程（5-2）式中的控制变量集合 Z_{it} 则包括全要素生产率（tfp）、资本密集度（capital）、企业规模（size）、企业年龄（age）、企业利润率（profit）、出口密集度（export）、所有制结构（state）、金融市场化指数（Fin_market）变量。下面对选取这些控制变量作简单的说明：

（1）全要素生产率（tfp）。全要素生产率度量了扣除资本、劳动等生产要素投入后其他要素如技术进步等对企业生产增长的贡献。那么企业生产率越高，则在相同生产要素投入水平下其产出和生产利润越高，那么内部现金流往往更加充足，而根据融资有序理论，企业融资首先选取的是自身利润积累和留存收益等内源融资，而不是外部负债，因此预期利息支出符号为负。

（2）资本密集度（capital）。企业资本密集度越高，意味着企业固定资产支出较多，那么相应的内部现金流可能会越低。而企业固定资产越多意味着企业的抵押担保能力越强，因此更容易获得外部融资支持。

（3）企业规模（size）。一般而言，规模越大的企业，往往具有规模经济优势，从而可以有效降低生产成本并提高利润水平，内部现金流也更为充足。并且规模越大的企业信息透明度较高，可用于抵押担保的资产也较多，更容易获得外部资金支持。大多数文献研究也表明，规模越小的企业越容易受到融资约束（Schiffer & Weder，2001；Galindo & Schiantarelli，2003；Beck et al.，2005）。

（4）企业年龄（age）。企业经营时间越长，则说明市场抗风险能力越强，那么其内部现金流应该较为充足。而从信息不对称角度看，企业年龄越大，可以追踪的信用记录就越多，更容易克服外部投资者与企业之间的信息不对称，进而获得更多的外部融资支持。

（5）企业利润率（profit）。企业利润率越高，表明企业的盈利能力越强，因此内部现金流往往更加充足。那么根据融资优序理论，企业就更愿意选择内部现

金流进行融资,而不会依赖外部负债,因此预期利息支出符号为负。

(6) 出口密集度(export)。从内部融资来看,企业进入国外市场通常需要支付高昂的沉没成本,因此可能会降低企业内部现金流。从外部融资来看,企业出口到国外市场方面获取的外汇收入可以作为有竞争力的抵押物,更容易获得外部融资支持。

(7) 金融市场化程度(Fin_market)。发达的区域金融发展水平一方面能够促进企业成长,获得较为稳定的内部现金流;另一方面能够较大程度地缓解企业与外部投资者之间的信息不对称,从而缓解企业的融资约束。各省市的金融市场化程度取自《中国市场化指数》(樊纲等,2011)中的指标"金融市场化程度"。

5.2.3 实证结果分析

本书使用三阶段最小二乘法这一系统估计方法进行估计,估计结果如表5-11所示。其中,Ⅰ列和Ⅱ列是联立方程中企业创新方程的回归结果;Ⅲ列和Ⅳ列分别是内部融资约束和外部融资约束方程的回归结果。

关于贸易自由化与企业创新,根据Ⅰ列和Ⅱ列的估计结果,行业关税率与内外部融资约束的交互项系数在1%的水平上显著为正,因此联立方程组模型的估计结果与基准回归的单一方程估计结果吻合,因此理论假说成立,即在不完全的资本市场上,融资约束会抑制贸易自由化对企业创新的促进效应。

关于融资约束与企业创新的相互影响,根据Ⅰ列和Ⅱ列的回归结果,说明自身现金流增加能够促进企业创新,利息支出越多说明企业面临的外部融资约束越低,则企业创新密集度越大。因此内外融资约束与企业创新之间呈现负相关关系,即融资约束程度越大,企业创新越少,这与大多数文献的研究结果保持一致。而在Ⅲ列和Ⅳ列的回归结果中,从内部融资来看,企业创新活动促进了企业积累自身现金流,这可能源于企业技术创新降低了企业生产的边际成本从而提高利润水平,因此内部现金流增加;从外部融资来看,企业创新活动降低了企业的利息支出,这可能是由于企业创新活动需要较大的前期投入,而其中以人力资本等无形资产为主,缺乏抵押价值,因此加剧了企业面临的外部融资约束。这一方面说明企业创新和融资约束之间确实存在内生性问题;另一方面说明企业创新活动会加剧企业的外部融资约束,这也启示政府应加强对科技创新企业的金融扶持。

关于贸易自由化对融资约束的影响,从内部融资来看,行业关税率降低促进了企业自身现金流积累,这可能是源于贸易自由化程度提高,企业通过扩大的出口市场获得较高的外汇收入,因而自身现金流增加。从外部融资来看,行业关税率降低减少了企业的利息支出,这与Irlacher & Unger(2016)的发现相似,其通过构建模型说明贸易自由化提高了资本市场上的借贷利率,因而提高了企业的外部融资成本。国内文献大多是关于出口与融资约束之间的研究,尚未针对贸易自由化与融资约束之间的关系进行研究,本书也可看作是尝试性的基础研究,重在抛砖引玉,结论尚待进一步考证与完善。

联立方程式(5-1)的控制变量结果与基准回归结果保持一致,在此不再赘述。联立方程式(5-2)的控制变量结果与预期相符。

表5-11 联立方程模型的3SLS估计结果

被解释变量	企业创新		被解释变量	融资约束	
	I	II		III	IV
tariff	-0.0037*** (-22.57)	-0.0002*** (-9.36)	innovate2	0.3941*** (12.78)	-0.1288*** (-36.72)
ifin	0.0319*** (20.22)		tariff	-0.1002*** (-50.48)	0.0027*** (38.65)
efin		0.1329*** (34.42)	tfp	0.6222*** (24.67)	-0.0025*** (-40.75)
tariff * ifin	0.0017*** (19.88)		capital	-0.7255*** (-48.58)	0.0044*** (84.66)
tariff * efin		0.0051*** (18.43)	size1	0.0552*** (20.03)	0.0036*** (52.65)
tfp	0.0135*** (13.10)	0.0070*** (33.11)	age	0.0109*** (4.28)	0.0023*** (36.16)
capital	0.0196*** (16.62)	0.0045*** (30.01)	profit	1.3359*** (47.83)	-0.0105*** (-15.82)
size	0.0148*** (78.60)	0.0127*** (84.21)	export	-0.2117*** (-35.72)	0.0028*** (21.65)
human	0.0166*** (54.04)	0.0165*** (59.29)	Fin_market	0.0552*** (30.24)	0.0134*** (57.59)
age	-0.0417*** (-39.95)	-0.0401*** (-40.46)	_cons	1.5760*** (69.44)	0.0148*** (26.38)

续表

被解释变量	企业创新		被解释变量	融资约束	
	I	II		III	IV
age^2	0.0095***	0.0091***			
	(42.49)	(42.40)			
profit	0.0576***	0.0414***			
	(20.14)	(18.79)			
export	0.0109	0.0086			
	(20.97)	(19.12)			
state	0.0172***	0.0212***			
	(18.38)	(29.06)			
_cons	-0.0351***	-0.0897***	province	yes	yes
	(-11.77)	(-53.87)	industry	yes	yes
year/indus/pro	yes	yes	year	yes	yes
adj. R^2	0.1026	0.0943	adj. R^2	0.7819	0.6712

注：括号内数值为T统计量，***表示参数的估计值在1%的水平上显著。

5.3 本章小结

在资本市场完全的情况下，贸易自由化对企业创新具有促进作用。但这一结论忽视了在现实中企业面临着不同程度的融资约束，因而很难克服成本，自由调整生产。本章在异质性企业贸易理论的基础上，纳入融资约束的异质性，梳理其中的逻辑关系，并引入中国制造业企业数据进行实证检验。同时本章还尝试在基准回归的基础上，构建联立方程模型，进一步深入探讨融资约束、贸易自由化与企业创新三者之间的互动关系。本章的主要发现有：

第一，随着全球化的深入，不同企业融资约束程度的异质性在不断扩大，融资约束程度较高的企业不仅要面对进口竞争加剧带来的国内市场产品价格下降，还会因为贸易成本的降低使得出口变得更加有吸引力，促使借贷市场上的资金需求增加，因此更加难以获得外部融资支持，无法利用扩大的出口市场来增加生产规模,所以其进行技术创新的激励大大减小。只有当资本市场完全有效的时候,贸易开放程度加深才能促进企业创新。通过运用中国制造业企业数据实证分析,我们发现融资约束会抑制贸易自由化对技术升级的促进效应。

第二,联立方程组模型的估计结果与基准回归结果的单一方程估计结果吻合,因此关键理论假说依然成立,即融资约束会抑制贸易自由化对企业创新的促进效应。而关于融资约束与企业创新之间的相互影响,发现企业创新和融资约束之间确实存在内生性问题,同时也说明企业创新活动会加剧企业的外部融资约束,这也启示政府应加强对科技创新企业的金融扶持。关于贸易自由化与融资约束的分析,则属于尝试性的研究,尚待进一步考证与完善。

本章将融资约束纳入到异质性企业贸易模型中,重点讨论融资约束对贸易自由化与企业创新之间关系的影响,旨在说明随着全球化的深入,不同企业融资约束程度的异质性在不断扩大,融资约束程度较高的企业由于更加难以获得外部融资支持,进行技术创新的激励大大减小,这也就预示着融资约束扩大了企业从贸易自由化中获利的不平等性。这不仅丰富了现有有关贸易与企业创新之间的经验研究,而且更加深了我们对中国大多数民营企业面临严重融资约束问题的重视。

当然,本章的研究仍然存在一些不足之处。例如,首先,对于贸易自由化水平的测度,由于配额、许可证等各种非关税壁垒方面的数据不仅很难量化,而且缺乏全面可获得性,本书在实证分析中只采用行业层面的进口关税数据进行测度。但是正如前文所述,中国自20世纪90年代以来,主要以削减关税、取消非关税壁垒为重心来履行加入WTO的承诺,实行贸易自由化改革。因此非关税壁垒的变动同样也会带来很重要的影响,在未来的研究中如能获得非关税壁垒数据,可进一步展开研究,以得到更为准确的研究结论。其次,由于本书所使用数据来源于《中国工业企业数据库》,其中对企业创新活动的定义不够明晰,并没有区分自主创新、合作创新还是模仿创新。我们只是采用了相对而言比较能够代表创新结果的新产品产值来度量,而大量文献还采用了专利等来测度,未来可尝试采用多种指标来测度创新,以提高结论的准确性。

6 融资约束、贸易自由化与企业创新：拓展研究

考虑到企业层面、行业层面和地区层面的异质性，并基于中国企业融资约束的特征事实描述，本章拟在全样本的基准回归上，全面分析在不同所有制类型的企业、不同行业以及不同地区下融资约束、贸易自由化与企业创新三者之间的关系，以期能够对基准回归分析进行丰富的实证拓展。

6.1 企业所有制差异

在我国金融市场发展不完善的制度环境下，信贷安排存在着政治主从次序（political pecking order）（Huang，2003），即国有商业银行开展信贷业务时主要依据政治特权进行信贷配给，而非商业绩效，这在很大程度上就使得国有企业能够持续获得稳定的贷款，而民营企业却没有与之平等的金融地位，面临着较为严重的融资困境（Allen et al.，2005）。与此同时，外资企业一方面有着"超国民待遇"和各种税收优惠政策；另一方面自身的治理结构和信息披露制度较为完善，因此内部现金流较为充足，也较为容易获得外部金融支持。鉴于此，那么我们就有必要对不同所有制类型的企业进行分样本考察，因此我们将样本分为国有、民营和外资三类。运用第5章的基准回归模型对三类企业分别进行回归，结果如表6-1和表6-2所示。

根据表6-1和表6-2的回归结果，对于三类企业而言，关税的削减对其创新活动均有正向促进效应。内外部融资约束的系数却有着很大的差异，国有企业

6 融资约束、贸易自由化与企业创新：拓展研究

和外资企业的内外融资约束均不显著，民营企业的内外部融资约束均在1%的显著性水平上与创新决策和创新密集度负向相关。两者与行业关税率的交互项也表现出明显的差异，民营企业中两者的交互项系数均显著，而国有企业和外资企业都没有通过显著性概率的检验，这说明我国不同所有制类型的企业受到不同程度的内外融资约束，其对贸易自由化与企业创新的正向促进效应的抑制作用有着很大的不同。国有企业在所有制性质的信贷歧视下能够获得充足的外部资金支持，而且享有国家税收政策各项优惠，现金流也较为充足，所以并没有受到内外融资约束的影响。相对于本土企业而言，外资企业也不存在明显的融资约束问题。但是民营企业在我国构建开放型经济体制的形势下，由于受到较强的融资约束，并没有利用贸易开放所带来的契机，因此无法发挥自身的创新活力。

表 6 – 1 所有制类型差异：创新决策模型

	创新决策模型					
	国有企业		民营企业		外资企业	
	Ⅰ	Ⅱ	Ⅲ	Ⅳ	Ⅴ	Ⅵ
tariff	-0.0043***	-0.0040***	-0.0065***	-0.0052***	-0.0083***	-0.0078***
	(-6.62)	(-5.55)	(-16.34)	(-12.58)	(-8.55)	(-8.26)
ifin	0.0009		0.0019***		0.0034	
	(0.26)		(4.15)		(0.05)	
efin		1.030		1.105***		2.08
		(0.20)		(19.91)		(0.87)
trade * ifin	0.0009		0.0012***		0.0004	
	(0.27)		(4.13)		(0.03)	
trade * efin		0.0247		0.0225***		0.0569
		(0.92)		(5.25)		(0.18)
industry	Yes	Yes	Yes	Yes	Yes	Yes
province	Yes	Yes	Yes	Yes	Yes	Yes
year	Yes	Yes	Yes	Yes	Yes	Yes
N	134722	134722	668899	668899	144763	144763

注：括号内数值为Z统计量，***表示参数的估计值在1%的水平上显著。由于篇幅限制，我们仅报告了关键解释变量的系数，其他控制变量仍然是控制变量X，包含全要素生产率、资本密集度、企业规模、人力资本、企业年龄、企业利润率、出口密集度、所有制结构等变量，不再赘述。

表 6-2 所有制类型差异：创新产出模型

	创新产出模型					
	国有企业		民营企业		外资企业	
	Ⅰ	Ⅱ	Ⅲ	Ⅳ	Ⅴ	Ⅵ
tariff	-0.0022***	-0.0022***	-0.0048***	-0.0048***	-0.0049***	-0.0046***
	(-4.77)	(-4.39)	(-15.94)	(-15.30)	(-6.71)	(-6.64)
ifin	0.0033		0.0057***		0.0067	
	(1.47)		(5.66)		(0.02)	
efin		0.0608		0.0575***		0.149
		(0.73)		(12.55)		(0.51)
trade * ifin	0.0004		0.0023***		0.0032	
	(0.21)		(3.35)		(0.06)	
trade * efin		0.0012		0.0113***		0.0049
		(0.04)		(3.41)		(0.38)
industry	Yes	Yes	Yes	Yes	Yes	Yes
province	Yes	Yes	Yes	Yes	Yes	Yes
year	Yes	Yes	Yes	Yes	Yes	Yes
N	134717	134717	668889	668889	144761	144761

注：括号内数值为 T 统计量，*** 表示参数的估计值在 1% 的水平上显著。

6.2 行业层面差异

不同行业由于要素密集度不同，其内部现金流和外部融资成本也存在着较大的差异。相对于传统行业而言，高技术行业主要集中在研发创新活动，而研发创新活动具有孵化周期长和较高的不确定性等特征，内部现金流往往难以满足其资金需求，因此更容易面临融资约束。而且我国的资本市场发育还不完全，尚未形成以创业风险投资为主的新金融业态，严重制约了科技创新与资本相结合。金融体系仍然以银行间接融资为主，融资渠道单一化，银行贷款更多地倾向于企业生产经营类贷款，要求可抵押的实物资产，就导致高技术行业很难获取期限较长的大额贷款，易受到融资约束问题困扰。鉴于此，本书根据2006年国家统计局发布的"高技术产业统计分类目录"，分传统行业和高技术行业两个样本并运用第5章的基准回归模型对这两类行业分别进行回归，结果如表6-3和表6-4所示。

根据表6-3和表6-4的回归结果，对于传统行业和高技术行业而言，关税的削减对其创新活动均有显著的正向促进效应。而就内外源融资约束系数而言，两类行业的系数值均是显著的，但是高技术行业的内外源融资约束系数值较大，这表明高技术行业受到了较为严重的融资约束，这与韩剑和严兵（2013）的发现相一致。高技术企业因其研发的特性有着较大的资金需求，因此对现金流的持续性有着更为苛刻的要求，更加依赖于大规模的外部资金支持，但是由于我国资本市场不完善，股票、债券、创投等融资方式仍然发展缓慢，目前金融市场对高技术行业的支持依旧以传统金融为主。银行贷款更多地倾向于企业生产经营贷款，

表6-3 行业层面差异：创新决策模型

	创新决策模型			
	传统行业		高技术行业	
	I	II	III	IV
tariff	-0.0032*** (-9.85)	-0.0019*** (-5.57)	-0.0117*** (-8.01)	-0.0089*** (-6.11)
ifin	0.0042** (3.27)		0.0076** (2.86)	
efin		1.335*** (26.21)		1.529*** (11.62)
trade * ifin	0.0012 (0.14)		0.0074* (2.46)	
trade * efin		0.0246** (2.62)		0.0272*** (3.71)
industry	Yes	Yes	Yes	Yes
province	Yes	Yes	Yes	Yes
year	Yes	Yes	Yes	Yes
N	891245	891245	62981	62981

注：括号内数值为Z统计量，*、**、***分别表示参数的估计值在10%、5%、1%的水平上显著。

表 6-4　行业层面差异：创新产出模型

	创新决策模型			
	传统行业		高技术行业	
	I	II	III	IV
tariff	-0.0023***	-0.0018***	-0.0023***	-0.0016***
	(-8.52)	(-7.18)	(-10.59)	(-7.62)
ifin	0.0008**		0.0020***	
	(3.11)		(4.93)	
efin		0.0645***		0.154***
		(16.45)		(7.23)
trade*ifin	0.0014		0.0013*	
	(1.93)		(2.39)	
trade*efin		0.0014**		0.0103***
		(3.61)		(4.02)
industry	Yes	Yes	Yes	Yes
province	Yes	Yes	Yes	Yes
year	Yes	Yes	Yes	Yes
N	891231	891231	62978	62978

注：括号内数值为T统计量，*、**、***分别表示参数的估计值在10%、5%、1%的水平上显著。

要求可抵押的实物资产，这就导致期限较长的大额贷款很难获得，加剧了高技术行业企业创新成果转化的融资困境，从而导致融资约束问题成为高技术行业研发创新的重要阻碍。贸易自由化与融资约束的交互项也表现出差异，高技术行业的内外源融资约束和创新的交互项系数显著为正，传统行业的内源融资约束与贸易自由化的交互项没有通过显著性概率检验，外源融资约束与贸易自由化的交互项系数在5%的水平上显著，但系数值小于高技术行业，这说明我国不同要素密集度的行业受到不同程度的内外融资约束，其对贸易自由化与企业创新的正向促进效应的抑制作用也存在一些不同。值得我们注意的是，高技术行业受到较为严重的内外融资约束，从而抑制了贸易自由化对企业创新的正向促进效应。这说明我国科技金融服务较为滞后，导致高技术行业常常面临严重的融资约束困扰，从而导致贸易自由化对高技术行业创新的促进效应没有正常发挥。

6.3 地区层面差异

地区金融发展水平对企业融资约束状况有着重要的影响,一般认为金融市场较为发达的地区,由于其不仅能够有效降低信息不对称,还能提供充足的外部资金支持,因此能够有效降低企业面临的融资困境。那么在中国这样一个大国经济中,地区金融发展水平差异巨大,这就必然决定了不同地区企业的融资约束程度也存在着较大的差异,这种差异又会如何影响贸易自由化与企业创新二者之间的关系。因此本书将总体样本分为东部地区和内陆地区,并运用第5章的基准回归模型分别进行回归。

根据表6-5和表6-6的回归结果,对于两大地区企业,行业关税率代表的贸易自由化对其创新活动均有正向促进效应。但是内外融资约束的系数却有很大的差异,就内源融资约束而言,东部地区的内源融资约束的系数以及其与行业关税率的交互项的系数不显著,内陆地区则均显著为正;就外源融资约束而言,两大地区的外源融资约束系数以及其与行业关税率的交互项系数均显著为正,但是内陆地区系数值略大。这可能是由于东部地区的经济相对发达,金融市场较为完善,因此企业现金流状况和外部融资支持相对较好;而内陆地区由于体制性和结构性矛盾,金融市场发展比较欠缺,使得企业的内源融资约束和外源融资约束都比较严重,阻碍了企业利用贸易开放的契机进行企业创新的动力。

表6-5 地区层面差异:创新决策模型

	创新决策模型			
	东部地区		内陆地区	
	I	II	III	IV
tariff	-0.0108 ***	-0.0103 ***	-0.0024 ***	-0.0014 ***
	(-24.28)	(-22.44)	(-3.64)	(-3.71)
ifin	0.0007		0.0034 ***	
	(0.49)		(4.92)	

续表

	创新决策模型			
	东部地区		内陆地区	
	Ⅰ	Ⅱ	Ⅲ	Ⅳ
efin		1.043***		1.284***
		(24.43)		(14.58)
trade*ifin	0.0049		0.0011***	
	(1.07)		(4.09)	
trade*efin		0.0276***		0.0346***
		(5.49)		(6.72)
industry	Yes	Yes	Yes	Yes
province	Yes	Yes	Yes	Yes
year	Yes	Yes	Yes	Yes
N	667401	667401	286825	286825

注：括号内数值为Z统计量，***表示参数的估计值在1%的水平上显著。

表6-6 地区差异：创新产出模型

	创新产出模型			
	东部地区		内陆地区	
	Ⅰ	Ⅱ	Ⅲ	Ⅳ
tariff	-0.0038***	-0.0072***	-0.0012***	-0.0049***
	(-22.28)	(-21.39)	(-4.36)	(-4.33)
ifin	0.0055		0.0019***	
	(0.89)		(4.13)	
efin		0.0204***		0.0555***
		(17.41)		(9.17)
trade*ifin	0.0020		0.0017***	
	(0.83)		(4.86)	
trade*efin		0.0182***		0.0248***
		(4.74)		(5.78)
industry	Yes	Yes	Yes	Yes
province	Yes	Yes	Yes	Yes
year	Yes	Yes	Yes	Yes
N	667388	667388	286821	286821

注：括号内数值为T统计量，***表示参数的估计值在1%的水平上显著。

6.4 本章小结

本章主要是从中国企业的融资约束特征事实出发，基于第 5 章的基准回归模型，全面分析在不同所有制类型的企业、不同行业和不同地区下融资约束、贸易自由化与企业创新三者之间的关系，以期改善融资环境，从而最大限度地发挥贸易开放对微观企业创新乃至整个经济发展的促进作用提供更好的判别视角。本章的主要发现有：

第一，在我国金融市场发展不完善的制度环境下，不同所有制类型的企业受到不同程度的内外融资约束，其对贸易自由化与企业创新的正向促进效应的抑制作用有着很大的不同。通过对国有企业、民营企业和外资企业这三类企业分别进行回归发现，贸易自由化和融资约束与行业关税率的交互项表现出明显的差异，民营企业中两者的交互项系数均显著，而国有企业和外资企业都没有通过显著性概率的检验，这源于国有企业在所有制性质的信贷歧视下能够获得充足的外部资金支持，而且享有国家税收政策各项优惠，其研发创新活动并没有受到融资约束的影响。相对于本土企业而言，外资企业也不存在明显的融资约束问题，保持较好的研发活力。但是民营企业受到较强的内外融资约束，导致其自主创新能力不足。这说明民营企业在我国构建开放型经济体制的形势下，由于受到较强的融资约束，并没有利用贸易开放所带来的契机，因此无法发挥自身的创新活力。

第二，不同行业由于要素密集度不同，其内部现金流和外部融资成本也存在着较大的差异，因此其对贸易自由化与企业创新的正向促进效应的抑制作用也有着很大的不同。通过对传统行业和高技术行业分别进行回归发现，贸易自由化和融资约束与行业关税率的交互项表现出明显的差异。高技术行业的内外源融资约束和创新的交互项系数显著为正，传统行业的内源融资约束与贸易自由化的交互项没有通过显著性概率检验，外源融资约束与贸易自由化的交互项系数在 5% 的水平上显著，但系数值小于高技术行业，这源于高技术行业本身研发的特性，有着较大的资金需求，因此对现金流的持续性有着更为苛刻的要求，并且我国科技金融服务滞后，资本市场发育还不完全，尚未形成以创业风险投资为主的新金融业态，严重制约了科技创新与资本相结合。金融体系仍然以银行间接融资为主，融资渠道单一化，银行贷款更多地倾向于企业生产经营类贷款，要求可抵押的实物资产，就使得高技术行业很难获取期限较长的大额贷款，易受到融资约束问题困扰，从而导致贸易自由化对技术密集型企业创新的促进效应没有正常发挥。

第三，在中国这样一个大国经济中，地区金融发展水平差异巨大，这就必然决定了不同地区企业的融资约束程度也存在着较大的差异，那么其对贸易自由化与企业创新的正向促进效应的抑制作用也有着很大的不同。通过对东部和内陆两大地区分别进行回归发现，贸易自由化和融资约束与行业关税率的交互项表现出明显的差异。东部的内源融资约束系数与行业关税率的交互项系数均不显著，而中部地区显著为正；同时东部地区和内陆地区的外源融资约束系数与行业关税率的交互项系数均显著为正，但是内陆地区系数值略大。这源于东部地区的经济相对发达，金融市场较为完善，因此企业现金流状况和外部融资支持相对较好；而内陆地区由于体制性和结构性矛盾，金融市场发展比较欠缺，使得企业的内源融资约束和外源融资约束都比较严重，阻碍了企业利用贸易开放的契机进行企业创新的动力。

7 结论与研究展望

7.1 主要结论

(1) 关于融资约束对企业创新动态的影响。利用 2003~2004 年政府宏观调控中实施的银行信贷紧缩政策作为一个政策冲击，使用倍差估计法检验企业受银行信贷紧缩冲击对其研发创新动态的影响，并分析内源融资能力对银行信贷紧缩冲击与企业研发创新两者关系是否存在调节效应。最后基于融资约束对企业出口和研发的非对称性影响，深刻分析银行信贷紧缩冲击对出口企业和非出口企业研发动态的异质性影响。得出如下结论：

第一，受到银行信贷紧缩冲击越大的企业，其选择研发进入的可能性和研发投入增长率均越低，而且中断研发投资并退出研发活动的概率越高，由此可见，外部融资约束会抑制企业的创新活动，尤其对企业研发创新行为的持续性有着显著的制约作用。同时，也充分说明缺乏稳定持续的外部融资渠道是中国企业自主创新能力不足的一个重要原因。

第二，企业内源融资能力对银行信贷紧缩冲击与企业研发创新两者关系存在显著的调节效应，即企业内源融资能力越弱，银行信贷紧缩冲击对企业创新的抑制作用越大；而若企业内源融资能力越强，银行信贷紧缩冲击对企业创新的抑制作用越小。这充分说明提高企业内源融资能力能够缓解外部融资约束对企业创新的负面影响。因此，无论是内源融资还是外源融资，对企业的研发创新活动都有着非常重要的影响。

第三，银行信贷紧缩冲击对出口企业和非出口企业研发动态的影响存在异质性。在面临外部融资约束的情况下，相对于非出口企业而言，尽管出口企业选择开展研发活动的可能性较高，但是其选择退出研发活动和减少研发投入的可能性也较高，这无疑损害了企业在国际市场上的长期利益，不利于我国出口贸易的长远发展。由于面临外部融资约束，出口企业"顾此失彼"，导致研发投入不足，自主创新能力持续薄弱，从而使得我国的出口企业"锁定"在低端产品的生产模式上。为此，改善企业的融资环境迫在眉睫，尤其是出口企业，这对于目前中国在进一步提高对外开放水平，加快构建开放型经济体制的新形势下，通过研发创新提高出口竞争力，从而更好地利用贸易自由化带来市场扩大的契机，进一步放大研发的预期收益有着非常重要的现实意义。

（2）融资约束与贸易自由化对企业创新的综合影响。在异质性企业的分析框架下考虑企业的融资约束异质性，通过构建理论模型，并运用中国制造业企业数据分析不同企业在面临不同程度的融资约束情形下贸易自由化与企业创新之间的关系，并对所提出的理论假说进行实证检验。同时尝试在基准回归的基础上，构建联立方程模型，进一步深入探讨融资约束、贸易自由化与企业创新三者之间的互动关系。得出如下结论：

第一，随着全球化的深入，不同企业融资约束程度的异质性在不断扩大，融资约束程度较高的企业不仅要面对进口竞争加剧带来的国内市场产品价格下降，还会因为贸易成本的降低使得出口变得更加有吸引力，促使借贷市场上的资金需求增加，因此更加难以获得外部融资支持，无法利用扩大的出口市场来增加生产规模，所以其进行技术创新的激励大大减小。只有当资本市场完全的时候，贸易开放程度加深才能促进企业创新。通过运用中国制造业企业数据实证分析，我们发现融资约束会抑制贸易自由化对技术升级的促进效应。

第二，联立方程组模型的估计结果与基准回归结果的单一方程估计结果吻合，因此关键理论假说依然成立，即融资约束会抑制贸易自由化对企业创新的促进效应。而关于融资约束与企业创新之间的相互影响，发现企业创新和融资约束之间确实存在内生性问题，同时也说明企业创新活动会加剧企业的外部融资约束，这也启示政府应加强对科技创新企业的金融扶持。关于贸易自由化与融资约束的分析，则属于尝试性的研究，尚待进一步考证与完善。

（3）融资约束、贸易自由化与企业创新：拓展研究。基于第5章的基准回归模型，第6章重点研究企业层面、行业层面和地区层面的融资约束异质性，全面

7 结论与研究展望

分析在不同所有制类型的企业、不同行业和不同地区下融资约束、贸易自由化与企业创新三者之间的关系,以期改善融资环境,从而最大限度地发挥贸易开放对微观企业创新乃至整个经济发展的促进作用提供更好的判别视角。得出如下结论:

第一,在我国金融市场发展不完善的制度环境下,不同所有制类型的企业受到不同程度的内外融资约束,其对贸易自由化与企业创新的正向促进效应的抑制作用有着很大的不同。通过对国有企业、民营企业和外资企业这三类企业分别进行回归发现,贸易自由化和融资约束与行业关税率的交互项表现出明显的差异,民营企业中两者的交互项系数均显著,而国有企业和外资企业都没有通过显著性概率的检验,这源于国有企业在所有制性质的信贷歧视下能够获得充足的外部资金支持,而且享有国家税收政策各项优惠,其研发创新活动并没有受到融资约束的影响。相对于本土企业而言,外资企业也不存在明显的融资约束问题,保持较好的研发活力。但是民营企业受到较强的内外融资约束,导致其自主创新能力不足。这说明民营企业在我国构建开放型经济体制的形势下,由于受到较强的融资约束,并没有利用贸易开放所带来的契机,因此无法发挥自身的创新活力。

第二,不同行业由于要素密集度不同,其内部现金流和外部融资成本也存在着较大的差异,因此其对贸易自由化与企业创新的正向促进效应的抑制作用也有着很大的不同。通过对传统行业和高技术行业分别进行回归发现,贸易自由化和融资约束与行业关税率的交互项表现出明显的差异。高技术行业的内外源融资约束和创新的交互项系数显著为正,传统行业的内源融资约束与贸易自由化的交互项没有通过显著性概率检验,外源融资约束与贸易自由化的交互项系数在10%的水平上显著,但系数值小于高技术行业,这源于高技术行业本身研发的特性,有着较大的资金需求,因此对现金流的持续性有着更为苛刻的要求,并且我国科技金融服务滞后,资本市场发育还不完全,尚未形成以创业风险投资为主的新金融业态,严重制约了科技创新与资本相结合。金融体系仍然以银行间接融资为主,融资渠道单一化,银行贷款更多地倾向于企业生产经营类贷款,要求可抵押的实物资产,就使得高技术行业很难获取期限较长的大额贷款,易受到融资约束问题困扰,从而导致贸易自由化对高技术行业企业创新的促进效应没有正常发挥。

第三,在中国这样一个大国经济中,地区金融发展水平差异巨大,这就必然决定了不同地区企业的融资约束程度也存在着较大的差异,那么其对贸易自由化与企业创新的正向促进效应的抑制作用也有着很大的不同。通过对东部和内陆两大地区分别进行回归发现，贸易自由化和融资约束与行业关税率的交互项表现出明显的差异。东部的内源融资约束系数与行业关税率的交互项系数均不显著，而中部地区显著为正；同时东部地区和内陆地区的外源融资约束系数与行业关税率的交互项系数均显著为正，但是内陆地区系数值略大。这源于东部地区的经济相对发达，金融市场较为完善，因此企业现金流状况和外部融资支持相对较好；而内陆地区由于体制性和结构性矛盾，金融市场发展比较欠缺，使得企业的内源融资约束和外源融资约束都比较严重，阻碍了企业利用贸易开放的契机进行企业创新的动力。

7.2 政策建议

本书综合了金融因素（融资约束视角）与贸易因素对企业创新行为的分析，不但对企业创新方面的理论研究有所拓展，同时也对中国企业的创新实践有着丰富的政策含义。根据上述研究结论，本书得出的主要政策启示为：

第一，加快我国金融市场的发展。本书的研究发现，受到银行信贷紧缩冲击越大的企业，其选择开展研发活动的概率越小，并且研发投入增长越慢甚至会中断研发投资，这表明缺乏稳定持续的外部融资渠道是中国企业自主创新能力不足的一个重要原因。因此要提升我国企业的自主创新能力，应加快金融市场发展，拓宽企业融资渠道，降低企业的外部融资成本，从而改善企业融资状况，激发企业加大研发投入的热情。

第二，注重机制设计，通过税制改革、制定奖励政策等直接增加企业内源融资能力，引导企业将更多资金投入到研发创新活动中。本书的研究表明，提高企业内源融资能力能够缓解外部融资约束对企业创新的负面影响。因此无论是内源融资还是外源融资，对企业的研发创新活动都具有非常重要的影响。这就意味着，为了推动企业创新，建设创新型国家，政府除了需要进一步完善资本市场，加强对企业创新投资的外部资金支持以外，还可以实行税收优惠、奖励政策等提高企业研发创新的积极性，另外在经济波动时适度减税能够减少对企业的内部资金的冲击，有助于稳定企业的研发投入。

7 结论与研究展望

第三，改善出口企业的融资环境迫在眉睫。本书的研究发现，由于面临外部融资约束，出口企业"顾此失彼"，选择退出研发活动和减少研发投入的可能性增加，导致研发投入不足，自主创新能力持续薄弱，不利于我国出口贸易的长远发展。因此加快金融市场改革，提高金融部门的效率，缓解出口企业的融资约束势在必行，这不仅关乎企业自身自主创新能力的增强，而且关乎我国出口竞争力的持续提高。

第四，制定合理的贸易政策需要尽可能消除国内信贷市场的缺陷。本书的研究表明，融资约束会抑制贸易自由化对企业创新的促进效应，这意味着只有当资本市场完全的时候，贸易开放程度加深才能促进企业创新。因此在我国加快构建开放型经济体制的形势下，进一步减少企业面临的融资约束，改善广大企业的融资环境，才能更大程度地利用贸易开放所带来的契机，增强企业自主创新能力。具体而言，至少可以从以下三个方面入手：

首先，进一步推进金融体系的市场化改革，消除所有制歧视，引导金融资源流向有活力的民营企业。中国金融体系存在的政治主从次序问题导致金融资源长期由国有企业把持，导致民营企业面临较为严重的融资约束问题。因此，政府应该着力深化金融改革，促进国内金融资源的合理有效配置，避免国有企业对金融资源的过度垄断，同时为民营企业提供多元、便捷和稳定的融资渠道。

其次，建立更为完善的科技金融服务体系，促进科技与金融的深度融合。高技术行业是国家科技实力和先进生产力的代表，但是我国科技金融服务滞后，目前金融市场对高技术行业的支持仍旧以银行间接融资为主，银行贷款更多地倾向于企业生产经营类贷款，要求可抵押的实物资产，就导致技术密集型企业很难获取期限较长的大额贷款，严重缺乏外部融资支持。因此，政府一方面应对高技术行业企业给予一定的国家税收优惠政策；另一方面要加快建立与高技术行业相匹配的金融服务体系，引导各类商业金融机构和民间资本为技术密集型企业提供信贷支持。

最后，推动中西部地区的金融发展，缩小东中西部金融水平的差距。中国各地区之间由于自然禀赋和经济社会环境的先天差异，再加上各地区改革开放的力度和次序有所差别，这些因素均导致不同地区之间金融发展程度不一。东部地区经济相对发达，金融市场较为完善，因此东部地区企业能够享受到金融发展带来的融资便利，通过多种融资渠道获取资金支持。而内陆地区经济增长绩效明显低于东部地区，金融发展相对滞后，因此内陆地区企业受到区域金融规模的限制，缺乏足够和顺畅的融资渠道，更容易受到融资约束。因此我国应进一步提高中西部经济发展水平，着力改革金融市场，提高金融资源配置效率。

7.3 本书的创新点

本书的创新点主要体现在：第一，本书从动态层面研究融资约束对企业创新的影响，不仅关注到融资约束对企业研发增长率的影响，还将视角拓展到融资约束对企业研发进入和研发退出的动态影响，深入分析融资约束对企业创新行为持续性的重要影响。研究发现，受到银行信贷紧缩冲击较大的企业，其选择研发进入的可能性较低，而且研发投入增长会更慢甚至是中断研发投资并退出研发活动，由此可见，外部融资约束会抑制企业的创新活动，尤其对企业研发创新行为的持续性有着显著的制约作用。这也充分说明稳定持续的外部融资渠道对中国企业创新有着至关重要的作用。

第二，本书从金融和贸易的综合视野试图探寻中国企业创新的激励因素。在理论部分，将融资约束纳入异质性企业贸易模型中，探讨融资约束与贸易自由化对企业创新的综合影响，研究发现，随着全球化的深入，不同企业融资约束程度的异质性在不断扩大，融资约束程度较高的企业不仅要面对进口竞争加剧带来的国内市场产品价格下降，还会因为贸易成本的降低使得出口变得更加有吸引力，促使借贷市场上的资金需求增加，因此更加难以获得外部融资支持，无法利用扩大的出口市场来增加生产规模，所以其进行技术创新的激励大大减小。只有当金融市场完全的时候，贸易开放程度加深才能促进企业创新。在实证部分，我们运用 Probit 模型和联立方程模型对上述结论进行验证，并基于中国融资约束的特征事实，从不同所有制企业、不同行业和不同地区进行拓展研究，为如何改善融资环境，从而最大限度地发挥贸易开放对微观企业创新乃至整个经济发展的促进作用提供较好的判别视角。

7.4 研究展望

基于我国企业融资约束严重的特征事实,在异质性企业分析框架下,将研究视角锁定在融资约束、贸易自由化与企业创新三者之间的关系,梳理其中的作用机制,并结合我国加入 WTO 以来贸易自由化进程稳步推进的背景,在金融和贸易的综合视野下运用微观层面的企业数据,重新审视融资约束之于企业创新的重要意义。诚然,本书的研究尚属于尝试性探索,仍然存在一些有待进一步改进和拓展的空间。

第一,关于融资约束,本书的研究将目光聚焦于企业的内源融资(内部现金流)和外源融资(银行债务融资)。局限于所获数据样本,本书尚未考虑股权融资。并且非正式金融的商业信用正逐渐成为发展中国家企业融资特别是短期融资来源也得到众多研究的确认(Petersen & Rajan,1995;Schwartz,1974)。尽管中国目前是以大银行为主的垄断金融体系格局,但是随着我国金融市场化改革的深入和多层次金融体系的构建,企业获取外部资金的渠道也会越来越趋于多样化。因此未来可在数据可获得性的基础上,尝试从多种不同的融资渠道来进一步丰富研究。

第二,对于贸易自由化水平的测度,由于配额、许可证等各种非关税壁垒方面的数据不仅很难量化,而且缺乏全面可获得性,本书在实证分析中只采用行业层面的进口关税数据进行测度。但是正如前文所述,中国自 20 世纪 90 年代以来,加入 WTO 后主要以削减关税、取消非关税壁垒为重心来履行相关承诺,实行贸易自由化改革。因此非关税壁垒的变动同样也会带来很重要的影响,在未来的研究中如能获得非关税壁垒数据,可进一步展开研究,以得到更为准确的研究结论。

第三,对于企业创新活动,由于本书所使用数据来源于 2005 年世界银行投资环境调查数据和《中国工业企业数据库》,我们在实证研究中仅使用代表创新投入的 R&D 投入和代表创新产出的新产品产值进行测度。但创新方式包括自主创新、合作创新和模仿创新等不同类型,因此这也局限了本书的实证研究只能停留在创新活动的整体水平,而不能深入研究不同类型创新活动的动力来源。这也是未来拓展创新理论研究与实证研究的方向,以为如何提高中国企业创新能力得出更为具体的政策建议。

附录　攻读博士学位期间发表的论文目录

［1］周凤秀，张建华．贸易自由化、融资约束与企业创新——来自中国制造业企业的经验研究［J］．当代财经，2017（6）．

［2］周凤秀，张建华．政府干预、制度调节与中国企业对外直接投资［J］．国际商务（对外经济贸易大学学报），2017（3）．

［3］张建华，周凤秀．国际研发知识溢出与中国区域经济增长——基于空间面板德宾模型的实证分析［J］．华东经济管理，2016，30（5）．

［4］张建华，周凤秀．从行政性规制转向经济社会性规制［N］．中国社会科学报，2015-05-13A06．

［5］周凤秀，温湖炜．人口年龄结构对居民医疗保健支出影响的空间实证分析［J］．中国卫生经济，2015（11）．

［6］周凤秀，张建华．人口年龄结构对居民医疗保健支出影响的区域及城乡差异［J］．中国卫生经济，2016（10）．

［7］张建华，周凤秀，温湖炜．关系网络、外出就业支持和农村劳动力转移［J］．中国人口·资源与环境，2015（S1）．

参考文献

[1] Adams R, Bessant J, Phelps R. Innovation management measurement: A review [J]. International Journal of Management Reviews, 2006, 8 (1): 21 – 47.

[2] Aghion P, Bloom N, Blundell R, et al. Competition and innovation: An inverted – U relationship [J]. The Quarterly Journal of Economics, 2005, 120 (2): 701 – 728.

[3] Aldaba R M. Trade reforms, competition, and innovation in the Philippines [R]. PIDS Discussion Paper Series, 2012.

[4] Allen F, Qian J, Qian M. Law, finance, and economic growth in China [J]. Journal of Financial Economics, 2005, 77 (1): 57 – 116.

[5] Almeida R, Fernandes A M. Openness and technological innovations in developing countries: Evidence from firm – level surveys [J]. The Journal of Development Studies, 2008, 44 (5): 701 – 727.

[6] Almus M, Czarnitzki D. The effects of public R&D subsidies on firms' innovation activities: The case of Eastern Germany [J]. Journal of Business & Economic Statistics, 2003, 21 (2): 226 – 236.

[7] Amore M D, Schneider C, Žaldokas A. Credit supply and corporate innovation [J]. Journal of Financial Economics, 2013, 109 (3): 835 – 855.

[8] Anderson J E, Neary J P. Measuring the restrictiveness of trade policy [J]. The World Bank Economic Review, 1994, 8 (2): 151 – 169.

[9] Antoniades A. Heterogeneous firms, quality, and trade [J]. Journal of International Economics, 2015, 95 (2): 263 – 273.

[10] Archibugi D, Pianta M. Innovation surveys and patents as technology indi-

cators: The state of the art [J]. Innovation, Patents and Technological strategies, 1996, 9 (3): 17 -56.

[11] Atkeson A, Burstein A T. Innovation, firm dynamics, and international trade [J]. Journal of Political Economy, 2010, 118 (3): 433 -484.

[12] Atkinson A B, Stiglitz J E. Public economics [J]. MITPress, 1980: 434 -499.

[13] Aw B Y, Roberts M J, Xu D Y. R&D investments, exporting, and the evolution of firm productivity [J]. The American Economic Review, 2008, 98 (2): 451 -456.

[14] Bas M, Berthou A. Does input-trade liberalization affect firms' foreign technology choice? [J]. The World Bank Economic Review, 2016, 31 (2): 351 -384.

[15] Bas M, Strauss-Kahn V. Input-trade liberalization, export prices and quality upgrading [J]. Journal of International Economics, 2015, 95 (2): 250 -262.

[16] Baysinger B D, Kosnik R D, Turk T A. Effects of board and ownership structure on corporate R&D strategy [J]. Academy of Management Journal, 1991, 34 (1): 205 -214.

[17] Becheikh N, Landry R, Amara N. Lessons from innovation empirical studies in the manufacturing sector: A systematic review of the literature from 1993-2003 [J]. Technovation, 2006, 26 (5): 644 -664.

[18] Beck T, Demirgüc-Kunt A, Maksimovic V. Financial and legal constraints to growth: Does firm size matter? [J]. The Journal of Finance, 2005, 60 (1): 137 -177.

[19] Bellone F, Musso P, Nesta L, et al. Financial constraints and firm export behaviour [J]. The World Economy, 2010, 33 (3): 347 -373.

[20] Benfratello L, Schiantarelli F, Sembenelli A. Banks and innovation: Microeconometric evidence on Italian firms [J]. Journal of Financial Economics, 2008, 90 (2): 197 -217.

[21] Berger A N, Udell G F. Relationship lending and lines of credit in small firm finance [J]. Journal of Business, 1995: 351 -381.

[22] Berman N, Héricourt J. Financial factors and the margins of trade: Evidence from cross-country firm-level data [J]. Journal of Development Economics, 2010, 93 (2): 206 -217.

[23] Bhagwati J N. The generalized theory of distortions and welfare [J]. 1969, 12 (2): 69 - 90.

[24] Block J H. R&D investments in family and founder firms: An agency perspective [J]. Journal of Business Venturing, 2012, 27 (2): 248 - 265.

[25] Bloom N, Draca M, Van Reenen J. Trade induced technical change? The impact of Chinese imports on innovation, IT and productivity [J]. The Review of Economic Studies, 2016, 83 (1): 87 - 117.

[26] Bond S, Harhoff D, Van Reenen J. Investment, R&D and Financial Constraints in Britain and Germany [J]. Annales d'Economie et de Statistique, 2005, 79: 435 - 462.

[27] Boyd B K, Gove S, Hitt M A. Construct measurement in strategic management research: Illusion or reality? [J]. Strategic Management Journal, 2005, 26 (3): 239 - 257.

[28] Brandt L, Van Biesebroeck J, Zhang Y. Creative accounting or creative destruction? Firm-level productivity growth in Chinese manufacturing [J]. Journal of Development Economics, 2012, 97 (2): 339 - 351.

[29] Brown J R, Fazzari S M, Petersen B C. Financing innovation and growth: Cash flow, external equity, and the 1990s R&D boom [J]. The Journal of Finance, 2009, 64 (1): 151 - 185.

[30] Brown J R, Martinsson G, Petersen B C. Do financing constraints matter for R&D? [J]. European Economic Review, 2012, 56 (8): 1512 - 1529.

[31] Brown J R, Petersen B C. Cash holdings and R&D smoothing [J]. Journal of Corporate Finance, 2011, 17 (3): 694 - 709.

[32] Bush D. Electricity merger analysis: Market screens, market definition, and other lemmings [J]. Review of Industrial Organization, 2008, 32 (3 - 4): 263 - 288.

[33] Bustos P. Trade liberalization, exports, and technology upgrading: Evidence on the impact of MERCOSUR on Argentinian firms [J]. The American Economic Review, 2011, 101 (1): 304 - 340.

[34] Cai H, Liu Q. Competition and corporate tax avoidance: Evidence from Chinese industrial firms [J]. The Economic Journal, 2009, 119 (537): 764 - 795.

[35] Canepa A, Stoneman P. Financial constraints to innovation in the UK: Evidence from CIS2 and CIS3 [J]. Oxford Economic Papers, 2008, 60 (4): 711-730.

[36] Caselli S, Gatti S, Perrini F. Are venture capitalists a catalyst for innovation? [J]. European Financial Management, 2009, 15 (1): 92-111.

[37] Chaney T. Liquidity constrained exporters [J]. Journal of Economic Dynamics and Control, 2016, 72: 141-154.

[38] Chava S, Oettl A, Subramanian A, et al. Banking deregulation and innovation [J]. Journal of Financial Economics, 2013, 109 (3): 759-774.

[39] Cheung K, Ping L. Spillover effects of FDI on innovation in China: Evidence from the provincial data [J]. China Economic Review, 2004, 15 (1): 25-44.

[40] Cincera M, Ravet J. Financing constraints and R&D investments of large corporations in Europe and the US [J]. Science and Public Policy, 2010, 37 (6): 455.

[41] Claessens S, Tzioumis K. Measuring firms' access to finance [R]. World Bank Working Paper, 2006.

[42] Clarke G R G, Cull R, Peria M S M. Foreign bank participation and access to credit across firms in developing countries [J]. Journal of Comparative Economics, 2006, 34 (4): 774-795.

[43] Cleary S. The relationship between firm investment and financial status [J]. The Journal of Finance, 1999, 54 (2): 673-692.

[44] Cohen W M, Klepper S. Firm size and the nature of innovation within industries: The case of process and product R&D [J]. The Review of Economics and Statistics, 1996: 232-243.

[45] Coles J L, Daniel N D, Naveen L. Managerial incentives and risk-taking [J]. Journal of Financial Economics, 2006, 79 (2): 431-468.

[46] Czarnitzki D, Licht G. Additionality of public R&D grants in a transition economy [J]. Economics of Transition, 2006, 14 (1): 101-131.

[47] David P A, Hall B H, Toole A A. Is public R&D a complement or substitute for private R&D? A review of the econometric evidence [J]. Research Policy, 2000, 29 (4): 497-529.

[48] David P, O'Brien J P, Yoshikawa T. The implications of debt heterogeneity for R&D investment and firm performance [J]. Academy of Management Journal, 2008, 51 (1): 165 – 181.

[49] Demirgüc-Kunt A, Maksimovic V. Law, finance, and firm growth [J]. The Journal of Finance, 1998, 53 (6): 2107 – 2137.

[50] Dollar D. Outward – oriented developing economies really do grow more rapidly: Evidence from 95 LDCs, 1976 – 1985 [J]. Economic Development and Cultural Change, 1992, 40 (3): 523 – 544.

[51] Ederington J, McCalman P. Endogenous firm heterogeneity and the dynamics of trade liberalization [J]. Journal of International Economics, 2008, 74 (2): 422 – 440.

[52] Edwards S. Openness, productivity and growth: What do we really know? [J]. The Economic Journal, 1998, 108 (447): 383 – 398.

[53] Egger H, Egger P. The trade and welfare effects of mergers in space [J]. Regional Science and Urban Economics, 2010, 40 (4): 210 – 220.

[54] Egger P, Keuschnigg C. Innovation, trade, and finance [J]. American Economic Journal: Microeconomics, 2015, 7 (2): 121 – 157.

[55] Fan H, Li Y A, Yeaple S R. Trade liberalization, quality, and export prices [J]. Review of Economics and Statistics, 2015, 97 (5): 1033 – 1051.

[56] Farrel D, Lund S. Putting China's capital to work [DB/OL]. McKinsey Global Institute, 2006.

[57] Fazzari S M, Hubbard R G, Petersen B C, et al. Financing constraints and corporate investment [J]. Brookings Papers on Economic Activity, 1988 (1): 141 – 206.

[58] Feenstra R C, Li Z, Yu M. Exports and credit constraints under incomplete information: Theory and evidence from China [J]. Review of Economics and Statistics, 2014, 96 (4): 729 – 744.

[59] Fernandes A M, Paunov C. Does trade stimulate product quality upgrading? [J]. Canadian Journal of Economics/Revue canadienne d'économique, 2013, 46 (4): 1232 – 1264.

[60] Flor M L, Oltra M J. Identification of innovating firms through technological

innovation indicators: An application to the Spanish ceramic tile industry [J]. Research Policy, 2004, 33 (2): 323 - 336.

[61] Foellmi R, Legge S, Tiemann A. Innovation and trade in the presence of credit constraints [R]. CEPR Discussion Papers, 2015.

[62] Foellmi R, Oechslin M. Market imperfections, wealth inequality, and the distribution of trade gains [J]. Journal of International Economics, 2010, 81 (1): 15 - 25.

[63] Freeman C, Soete L. The economics of industrial innovation [M]. Psychology Press, 1997.

[64] Galindo, Arturo J, Fabio Schiantarelli. Credit constraints and investment in Latin America. [M]. IDB, 2003.

[65] Goldberg P K, Khandelwal A K, Pavcnik N, et al. Imported intermediate inputs and domestic product growth: Evidence from India [J]. The Quarterly Journal of Economics, 2010, 125 (4): 1727 - 1767.

[66] Gorodnichenko Y, Schnitzer M. Financial constraints and innovation: Why poor countries don't catch up [J]. Journal of the European Economic Association, 2013, 11 (5): 1115 - 1152.

[67] Grabowski H G. The determinants of industrial research and development: A study of the chemical, drug, and petroleum industries [J]. Journal of political economy, 1968, 76 (2): 292 - 306.

[68] Greenaway D, Guariglia A, Kneller R. Financial factors and exporting decisions [J]. Journal of International Economics, 2007, 73 (2): 377 - 395.

[69] Greenwald B C, Stiglitz J E, Weiss A. Informational imperfections in the capital market and macro-economic fluctuations [J]. 1984.

[70] Guariglia A, Liu X, Song L. Internal finance and growth: Microeconometric evidence on Chinese firms [J]. Journal of Development Economics, 2011, 96 (1): 79 - 94.

[71] Hadlock C J, Pierce J R. New evidence on measuring financial constraints: Moving beyond the KZ index [J]. Review of Financial Studies, 2010, 23 (5): 1909 - 1940.

[72] Hall B H, Lerner J. The financing of R&D and innovation [J]. Handbook

of the Economics of Innovation, 2010, 1: 609 – 639.

[73] Hall B H. Investment and research and development at the firm level: Does the source of financing matter? [R]. National Bureau of Economic Research, 1992.

[74] Harrison A E, McMillan M S. Does direct foreign investment affect domestic credit constraints? [J]. Journal of International Economics, 2003, 61 (1): 73 – 100.

[75] Harrison A. Openness and growth: A time – series, cross – country analysis for developing countries [J]. Journal of Development Economics, 1996, 48 (2): 419 – 447.

[76] Héricourt J, Poncet S. FDI and credit constraints: Firm-level evidence from China [J]. Economic Systems, 2009, 33 (1): 1 – 21.

[77] Himmelberg C P, Peterson B C. R&D and internal finance [J] Review of Economics and Statistics, 1994, 76 (1): 38 – 51.

[78] Hopenhayn H A. Entry, exit, and firm dynamics in long run equilibrium [J]. Econometrica: Journal of the Econometric Society, 1992: 1127 – 1150.

[79] Hottenrott H, Peters B. Innovative capability and financing constraints for innovation: More money, more innovation? [J]. Review of Economics and Statistics, 2012, 94 (4): 1126 – 1142.

[80] Hovakimian G. Determinants of investment cash flow sensitivity [J]. Financial Management, 2009, 38 (1): 161 – 183.

[81] Howe J D, McFetridge D G. The determinants of R&D expenditures [J]. Canadian Journal of Economics, 1976: 57 – 71.

[82] Hsieh C T, Klenow P J. Misallocation and manufacturing TFP in China and India [J]. The Quarterly Journal of Economics, 2009, 124 (4): 1403 – 1448.

[83] Huang H, Xu C. Soft budget constraint and the optimal choices of research and development projects financing [J]. Journal of Comparative Economics, 1998, 26 (1): 62 – 79.

[84] Huang Y. Selling China: Foreign direct investment during the reform era [M]. Cambridge University Press, 2003.

[85] Hur J, Raj M, Riyanto Y E. Finance and trade: A cross-country empirical analysis on the impact of financial development and asset tangibility on international trade [J]. World Development, 2006, 34 (10): 1728 – 1741.

[86] Irlacher M, Unger F. Capital market imperfections and trade liberalization in general equilibrium [R]. FIW Working Paper, 2016.

[87] Jaramillo C F, Lederman D, Bussolo M, et al. Challenges of CAFTA: Maximizing the benefits for Central America [J]. World Bank Publications, 2006.

[88] Jefferson G H, Huamao B, Xiaojing G, et al. R&D performance in Chinese industry [J]. Economics of Innovation and New Technology, 2006, 15 (4 - 5): 345 - 366.

[89] Jensen M C, Meckling W H. Theory of the firm: Managerial behavior, agency costs and ownership structure [J]. Journal of Financial Economics, 1976, 3 (4): 305 - 360.

[90] Kamien M I, Schwartz N L. Self-financing of an R and D project [J]. The American Economic Review, 1978, 68 (3): 252 - 261.

[91] Kaplan S N, Zingales L. Do investment-cash flow sensitivities provide useful measures of financing constraints? [J]. The Quarterly Journal of Economics, 1997, 112 (1): 169 - 215.

[92] Kim H, Lee P M. Ownership structure and the relationship between financial slack and R&D investments: Evidence from Korean firms [J]. Organization Science, 2008, 19 (3): 404 - 418.

[93] Kipar S. The effect of restrictive bank lending on innovation: Evidence from a financial crisis [R]. Ifo Working Paper, 2011.

[94] Kleer R. Government R&D subsidies as a signal for private investors [J]. Research Policy, 2010, 39 (10): 1361 - 1374.

[95] Kleinknecht A, Van Montfort K, Brouwer E. The non-trivial choice between innovation indicators [J]. Economics of Innovation and New Technology, 2002, 11 (2): 109 - 121.

[96] Kortum S, Lerner J. Does venture capital spur innovation? [J]. Nber Working Papers, 1998, 28 (1): 1 - 44.

[97] Krugman P. Scale economies, product differentiation, and the pattern of trade [J]. The American Economic Review, 1980, 70 (5): 950 - 959.

[98] Lederman D, Maloney W F, Maloney W F, et al. Lessons from NAFTA for Latin America and the Caribbean [M]. Stanford University Press, 2005.

[99] Lee S. Financial determinants of corporate R&D investment in Korea [J]. Asian Economic Journal, 2012, 26 (2): 119 – 135.

[100] Levine R. Finance and growth: Theory and evidence [J]. Handbook of Economic Growth, 2005, 1: 865 – 934.

[101] Levinsohn J, Petrin A. Estimating production functions using inputs to control for unobservables [J]. The Review of Economic Studies, 2003, 70 (2): 317 – 341.

[102] Li Z, Yu M. Exports, productivity, and credit constraints: A firm-level empirical investigation of China [R]. Institute of Economic Research, Hitotsubashi University, 2009.

[103] Lileeva A, Trefler D. Improved access to foreign markets raises plant-level productivity... for some plants [J]. The Quarterly Journal of Economics, 2010, 125 (3): 1051 – 1099.

[104] Lin C, Lin P, Song F M, et al. Managerial incentives, CEO characteristics and corporate innovation in China's private sector [J]. Journal of Comparative Economics, 2011, 39 (2): 176 – 190.

[105] Liu Q, Qiu L D. Intermediate input imports and innovations: Evidence from Chinese firms' patent filings [J]. Journal of International Economics, 2016, 103: 166 – 183.

[106] Livdan D, Sapriza H, Zhang L. Financially constrained stock returns [J]. The Journal of Finance, 2009, 64 (4): 1827 – 1862.

[107] Long W F, Ravenscraft D J. LBOs, debt and R&D intensity [J]. Strategic Management Journal, 1993, 14 (S1): 119 – 135.

[108] Love I. Financial development and financing constraints: International evidence from the structural investment model [J]. Review of Financial Studies, 2003, 16 (3): 765 – 791.

[109] Magri S. The financing of small innovative firms: The Italian case [J]. Economics of Innovation and New Technology, 2009, 18 (2): 181 – 204.

[110] Manova K. Credit constraints, heterogeneous firms, and international trade [J]. Review of Economic Studies, 2013, 80 (2), 711 – 744.

[111] Mansfield E. Industrial research and technological innovation: An econometric analysis [M]. Longman, 1969.

[112] Martin J S, Santomero A M. Investment opportunities and corporate demand for lines of credit [J]. Journal of Banking & Finance, 1997, 21 (10): 1331–1350.

[113] Martinsson G. Equity financing and innovation: Is Europe different from the United States? [J]. Journal of Banking & Finance, 2010, 34 (6): 1215–1224.

[114] Melitz M J, Ottaviano G I P. Market size, trade, and productivity [J]. The Review of Economic Studies, 2008, 75 (1): 295–316.

[115] Melitz M J. The impact of trade on intra-industry reallocations and aggregate industry productivity [J]. Econometrica, 2003, 71 (6): 1695–1725.

[116] Meuleman M, De Maeseneire W. Do R&D subsidies affect SMEs' access to external financing? [J]. Research Policy, 2012, 41 (3): 580–591.

[117] Minetti R, Zhu S C. Credit constraints and firm export: Microeconomic evidence from Italy [J]. Journal of International Economics, 2011, 83 (2): 109–125.

[118] Modigliani F, Miller M H. The cost of capital, corporation finance and the theory of investment [J]. The American Economic Review, 1958: 261–297.

[119] Müller E, Zimmermann V. The importance of equity finance for R&D activity [J]. Small Business Economics, 2009, 33 (3): 303–318.

[120] Musso P, Schiavo S. The impact of financial constraints on firm survival and growth [J]. Journal of Evolutionary Economics, 2008, 18 (2): 135–149.

[121] Muûls M. Exporters and credit constraints. A firm-level approach [R]. Working Paper Research, 2008.

[122] Myers S C, Majluf N S. Corporate financing and investment decisions when firms have information that investors do not have [J]. Journal of Financial Economics, 1984, 13 (2): 187–221.

[123] Naughton B. The Chinese economy: Transitions and growth [M]. MIT press, 2007.

[124] Olley G S, Pakes A. The dynamics of productivity in the telecommunications equipment industry [R]. National Bureau of Economic Research, 1992.

[125] Opler T C, Titman S. Financial distress and corporate performance [J]. The Journal of Finance, 1994, 49 (3): 1015–1040.

[126] Passet O, Du Tertre R. Promouvoir un environnement financier favorable au développement de l'entreprise [R]. HAL, Rapport du Groupe de Projet Astypa-

lea, Commissariat Général du Plan, 2005.

[127] Patrick L, Marcelo O, Javier S. Does globalization cause a higher concentration of international trade and investment flow? [R]. WTO working paper, 1998: 8.

[128] Peters K, Schnitzer M. Trade liberalization and credit constraints: Why opening up may fail to promote convergence [J]. Canadian Journal of Economics/Revue canadienne d'économique, 2015, 48 (3): 1099 – 1119.

[129] Petersen M A, Rajan R G. The benefits of lending relationships: Evidence from small business data [J]. The Journal of Finance, 1994, 49 (1): 3 – 37.

[130] Poncet S, Steingress W, Vandenbussche H. Financial constraints in China: firm – level evidence [J]. China Economic Review, 2010, 21 (3): 411 – 422.

[131] Rahaman M M. Access to financing and firm growth [J]. Journal of Banking & Finance, 2011, 35 (3): 709 – 723.

[132] Rajan R G, Zingales L. Financial dependence and growth [J]. American Economic Review, 1998: 559 – 586.

[133] Romer P M. Endogenous technological change [J]. Journal of political Economy, 1990, 98 (5, Part 2): S71 – S102.

[134] Romer P M. Increasing returns and long-run growth [J]. Journal of Political Economy, 1986, 94 (5): 1002 – 1037.

[135] Sachs J D, Warner A, Aslund A, et al. Economic reform and the process of global integration [J]. Brookings Papers on Economic Activity, 1995 (1): 1 – 118.

[136] Savignac F. The impact of financial constraints on innovation: Evidence from French manufacturing firms [R]. MSE Working Paper, 2006.

[137] Scherer F M. Firm size, market structure, opportunity, and the output of patented inventions [J]. The American Economic Review, 1965, 55 (5): 1097 – 1125.

[138] Scherer F M. Schumpeter and plausible capitalism [J]. Reprints Antitrust L. & Econ., 1998, 28: 759.

[139] Schiffer M, Weder B. Firm size and the business environment: Worldwide survey results [M]. World Bank Publications, 2001.

[140] Schumpeter J. Creative destruction [J]. Capitalism, Socialism and Democracy, 1942: 82 – 85.

[141] Schumpeter J. A. The theory of economic development Cambridge [M].

Harvard University Press, 1934.

[142] Sharma S. Financial development and innovation in small firms [R]. Policy Research Working Paper, 2007.

[143] Silva F, Carreira C. Financial constraints and exports: An analysis of Portuguese firms during the European monetary integration [J]. Notas Económicas, 2011 (34).

[144] Solow R M. Technical change and the aggregate production function [J]. The Review of Economics and Statistics, 1957: 312 – 320.

[145] Spence A M. Investment strategy and growth in a new market [J]. The Bell Journal of Economics, 1979, 10 (1): 1 – 19.

[146] Stewart W. Institutional quality and its effect on trade: An empirical analysis [J]. UBC Economic Honors Thesis, 1999 (51): 1183 – 1203.

[147] Sufi A. Bank lines of credit in corporate finance: An empirical analysis [J]. Review of Financial Studies, 2009, 22 (3): 1057 – 1088.

[148] Tether B S, Tajar A. The organisational-cooperation mode of innovation and its prominence amongst European service firms [J]. Research policy, 2008, 37 (4): 720 – 739.

[149] Tornell A, Westermann F. Credit market imperfections in middle income countries [R]. National Bureau of Economic Research, 2003.

[150] Tushman M L, Anderson P. Technological discontinuities and organizational environments [J]. Administrative Science Quarterly, 1986: 439 – 465.

[151] Ughetto E. Does internal finance matter for R&D? New evidence from a panel of Italian firms [J]. Cambridge Journal of Economics, 2008, 32 (6): 907 – 925.

[152] Van Long N, Raff H, Stähler F. Innovation and trade with heterogeneous firms [J]. Journal of International Economics, 2011, 84 (2): 149 – 159.

[153] Venkatraman N, Grant J H. Construct measurement in organizational strategy research: A critique and proposal [J]. Academy of management review, 1986, 11 (1): 71 – 87.

[154] Whited T M, Wu G. Financial constraints risk [J]. Review of Financial Studies, 2006, 19 (2): 531 – 559.

[155] 包群，许和连，赖明勇. 贸易开放度与经济增长：理论及中国的经验

研究 [J]. 世界经济, 2003, 26 (2): 10 – 18.

[156] 陈雯, 苗双有. 中间品贸易自由化与中国制造业企业生产技术选择 [J]. 经济研究, 2016 (8): 72 – 85.

[157] 邓翔, 向书坚, 唐毅. 中国上市公司融资约束的行业特征分析——基于 641 家上市企业的 Logistic 回归分析 [J]. 宏观经济研究, 2014 (1): 107 – 117.

[158] 樊纲, 王小鲁, 朱恒鹏. 中国市场指数——各省区市场化相对进程 2011 年度报告 [M]. 北京: 经济科学出版社, 2011.

[159] 顾群, 翟淑萍. 融资约束、研发投资与资金来源——基于研发投资异质性的视角 [J]. 科学学与科学技术管理, 2014, 35 (3): 15 – 22.

[160] 郭华, 王程, 李后建. 政策不确定性、银行授信与企业研发投入 [J]. 宏观经济研究, 2016 (2): 89 – 105.

[161] 郭园园, 成力为. 外部融资渠道与企业异质性 R&D 投资 [J]. 科学学研究, 2016, 34 (6): 887 – 895.

[162] 韩剑, 王静. 中国本土企业为何舍近求远: 基于金融信贷约束的解释 [J]. 世界经济, 2012 (1): 98 – 113.

[163] 韩剑, 严兵. 中国企业为什么缺乏创造性破坏——基于融资约束的解释 [J]. 南开管理评论, 2013, 16 (4): 124 – 132.

[164] 鞠晓生, 卢荻, 虞义华. 融资约束、营运资本管理与企业创新可持续性 [J]. 经济研究, 2013 (1): 4 – 16.

[165] 李汇东, 唐跃军, 左晶晶. 用自己的钱还是用别人的钱创新?——基于中国上市公司融资结构与公司创新的研究 [J]. 金融研究, 2013 (2): 170 – 183.

[166] 罗长远, 陈琳. FDI 是否能够缓解中国企业的融资约束 [J]. 世界经济, 2011 (4): 42 – 61.

[167] 罗长远, 季心宇. 融资约束下的企业出口和研发: "鱼"与"熊掌"不可得兼? [J]. 金融研究, 2015 (9): 140 – 158.

[168] 马光荣, 刘明, 杨恩艳. 银行授信、信贷紧缩与企业研发 [J]. 金融研究, 2014 (7): 76 – 93.

[169] 毛其淋, 盛斌. 贸易自由化与中国制造业企业出口行为: "入世"是否促进了出口参与? [J]. 经济学 (季刊), 2014 (2): 647 – 674.

[170] 聂辉华, 江艇, 杨汝岱. 中国工业企业数据库的使用现状和潜在问题

[J]. 世界经济, 2012 (5): 142-158.

[171] 聂辉华, 谭松涛, 王宇锋. 创新、企业规模和市场竞争: 基于中国企业层面的面板数据分析 [J]. 世界经济, 2008 (7): 57-66.

[172] 沈红波, 寇宏, 张川. 金融发展、融资约束与企业投资的实证研究 [J]. 中国工业经济, 2010 (6): 55-64.

[173] 盛斌, 毛其淋. 贸易自由化、企业成长和规模分布 [J]. 世界经济, 2015 (2): 3-30.

[174] 盛丹, 王永进. 产业集聚、信贷资源配置效率与企业的融资成本——来自世界银行调查数据和中国工业企业数据的证据 [J]. 管理世界, 2013 (6): 85-98.

[175] 孙楚仁, 赵瑞丽, 陈瑾, 等. 政治关系、融资约束与企业出口行为——基于2004年世界银行"商业环境和企业绩效调查"中国企业数据的实证分析 [J]. 中南财经政法大学学报, 2014 (3): 140-149.

[176] 孙灵燕, 李荣林. 融资约束限制中国企业出口参与吗? [J]. 经济学 (季刊), 2012 (1): 231-252.

[177] 唐清泉, 徐欣. 企业R&D投资与内部资金——来自中国上市公司的研究 [J]. 中国会计评论, 2010 (3): 341-362.

[178] 田巍, 余淼杰. 中间品贸易自由化和企业研发: 基于中国数据的经验分析 [J]. 世界经济, 2014 (6): 90-112.

[179] 王静, 张西征. 融资约束, 出口与R&D投资——中国出口的高速增长为何未带来经济转型? [J]. 产业经济研究, 2014 (4): 73-83.

[180] 夏冠军, 陆根尧. 资本市场促进了高新技术企业研发投入吗?——基于中国上市公司动态面板数据的证据 [J]. 科学学研究, 2012, 30 (9): 1370-1377.

[181] 阳佳余, 徐敏. 融资多样性与中国企业出口持续模式的选择 [J]. 世界经济, 2015 (4): 50-76.

[182] 杨兴全, 曾义. 现金持有能够平滑企业的研发投入吗?——基于融资约束与金融发展视角的实证研究 [J]. 科研管理, 2014, 35 (7): 107-115.

[183] 余淼杰, 李乐融. 贸易自由化与进口中间品质量升级——来自中国海关产品层面的证据 [J]. 经济学 (季刊), 2016 (3): 1011-1028.

[184] 余淼杰, 梁中华. 贸易自由化与中国劳动收入份额——基于制造业贸易企业数据的实证分析 [J]. 管理世界, 2014 (7): 22-31.

[185] 张建华. 创新、激励与经济发展 [M]. 武汉: 华中理工大学出版社, 2000.

[186] 张杰, 芦哲, 郑文平, 等. 融资约束、融资渠道与企业 R&D 投入 [J]. 世界经济, 2012 (10): 66 – 90.

[187] 张杰, 刘志彪, 郑江淮. 中国制造业企业创新活动的关键影响因素研究——基于江苏省制造业企业问卷的分析 [J]. 管理世界, 2007 (6): 64 – 74.

后　记

>　　黄色的树林里分出两条路/可惜我不能同时去涉足/我在那路口久久伫立/我向着一条路极目望去/直到它消失在丛林深处/但我却选择了另外一条路/它荒草萋萋，十分幽寂/显得更诱人，更美丽。
>
> ——罗伯特·弗罗斯特《未选择的路》

　　来到喻家山下这所美丽的森林大学，五年前的决定让我踏上"人迹罕至"却"曲径通幽"的漫长求学路，在这条学术路上，有过徘徊，有过迷茫，也有过兴奋，有过开心。在博士论文即将付梓之际，我并没有之前设想过的激动不已抑或泪流满面，更多的是深深的感谢之情涌上心头。

　　首先要感谢我的导师张建华教授。张老师渊博的学识、敏锐的洞察力、深邃的见解总是能够在我遇到科研困惑的时候给予及时的点拨，拨开我学习中的层层迷雾；张老师严谨务实、精益求精的工作作风无时无刻不在提醒着我对待任何事情都要有认真负责的积极心态；张老师待人接物的宽厚，尤其是对待学生细微之处的关心与爱护，始终温暖鼓舞着我继续前进。

　　感谢华中科技大学经济学院的各位老师们。感谢徐长生教授、张卫东教授和王少平教授分别教授的高级宏观经济学、高级微观经济学和高级计量经济学，为我攻读博士学位奠定了良好的经济学基础；感谢宋德勇教授、汪小勤教授、方齐云教授、彭代彦教授的专业授课，为我撰写论文提供了广阔的研究视野；感谢李昭华教授、范红忠教授和刘海云教授对我的博士论文提出宝贵意见，帮助我进一步完善论文。还要感谢答辩组的各位老师拨冗参加我的毕业答辩，并给予详细指导。

　　感谢同门的兄弟姐妹。感谢张豪、杨少瑞、朱紫雯、蔡嘉瑶、万千、何宇、

后 记

谭静博士，这段与你们并肩作战、相互鼓励帮助的奋斗时光让我每每想起都感动不已；感谢李先枝、陈壮杰、戴露婷硕士，有你们在研究室的每一天都充满了欢声笑语，给我紧张的博士生活增添了些许色彩；感谢2014级博士班的全体同学，或是学术上的交流，或是生活上的帮助，铸就了我们同窗三载的珍贵友谊。

感谢远在西安的挚友。感谢杨琪和薛敬，感谢你们在我每每困惑迷茫之时给予我莫大的关怀和鼓励，让我不曾感觉到孤独。感谢陈玉文、何曾，庆幸能与你们知心一场，高山流水，相知相惜。感谢雷雨，感谢远在西安交通大学求学的你经常电话与我交流读研的感悟和收获，让我感受到友谊的平实与温暖。还要感谢远在鄂尔多斯的王婷，每每收到你在远方的问候和祝福，都让我暖心不已。读博期间，每每回想到本科那时的我们，是那么年轻，那样充满激情与梦想，更是激励我不畏艰难，勇敢前进。

最后，要衷心感谢我的家人。感谢我的父亲对我们三姐妹求学深造的坚定支持，尤其是对我这个最任性的小女儿。感谢我的母亲对我们三姐妹含辛茹苦的养育，如果没有您，就没有我们现在这个幸福美满的大家庭。感谢我的大姐和二姐，在我读博期间，不仅承担起照顾家庭的重任，更重要的是，我们三姐妹年龄相差无几，成长经历类似，姐妹情之外，更多的是朋友般的相互交心，在我读博压力最大的时候，你们总能给我焦灼的心灵带来最大的抚慰。感谢远在海口的叔叔婶婶，感谢你们对我思想上的指引和学习上的鞭策，让我人生之路的每一步都越走越踏实。感谢我的男朋友，感谢能够在这所美丽的校园遇到你，并与你相知相许，一起经历人生中最珍贵的五年时光。未来路上，愿不负岁月不负心，感恩前行！

周凤秀

2017年4月于喻家山下